elefante

elefante

Conselho editorial
Bianca Oliveira
João Peres
Tadeu Breda

Edição
Tadeu Breda

Assistência de edição
Érika Nogueira Vieira

Revisão
Erico Melo
Luiza Brandino

Direção de arte
Bianca Oliveira

Projeto gráfico
Mateus Valadares

Capa
Sidney Schunck

Diagramação
Daniela Miwa Taira

A DESTRUIÇÃO DA PALESTINA É A DESTRUIÇÃO DO PLANETA

TRADUÇÃO
NATALIA ENGLER

ANDREAS MALM

ESTE ENSAIO É UMA
VERSÃO DA CONFERÊNCIA
PROFERIDA PELO AUTOR NA
UNIVERSIDADE AMERICANA
DE BEIRUTE, LÍBANO,
EM 4 DE ABRIL DE 2024.

ENTÃO, COMPLETAMOS AGORA MEIO ANO DE GENOCÍDIO.[1]

Meio ano se passou desde que a resistência lançou a Tufan Al-Aqsa[2] e a ocupação respondeu com a declaração e a execução do genocídio. Meio ano, seis meses, 184 dias de bombas atingindo uma família após a outra, um prédio após o outro, um bairro residencial após o outro, de forma implacável e metódica. Meio ano de ossos cinzentos de crianças despontando sob os escombros, de fileiras de pequenos sacos brancos de corpos alinhados no chão, de uma menina mutilada pendendo da janela como de um gancho de açougue; meio ano de pais que se despedem dos filhos com uma compostura lúgubre, como se seus espíritos os tivessem deixado vazios e em branco, ou com espasmos incontroláveis de tristeza, como se não soubessem mais colocar um pé na frente do outro para dar um passo neste mundo; meio ano de uma dúzia de massacres por dia, execuções sumárias, atiradores de tocaia, escavadeiras passando por cima dos corpos e de todo o resto, e simplesmente não para, a coisa continua e continua e não para e então continua e avança mais e não vai terminar e simplesmente não para. É possível perder a cabeça de desespero assistindo a isso de longe. Se você se sente assim, tente imaginar como se sentem as pessoas que ainda estão vivas em Gaza.

O Estado de Israel está agora cometendo o pior crime já conhecido pela humanidade, e esse genocídio em particular tem algumas características únicas que o diferenciam de outros recentes. Em primeiro lugar, desde o início, esse genocídio foi "um esforço transnacional",[3] coordenado e organizado pelos países de capitalismo avançado do Ocidente junto com o Estado de Israel. Os Estados Unidos, o Reino Unido, a Alemanha, a França e a maioria dos outros membros da União Europeia imediatamente se apressaram a participar do derramamento de sangue, enviando dinheiro e armas para a ocupação como se fossem pratos para um banquete, sobrevoando Gaza para compartilhar informações de inteligência com quartéis-generais e pilotos, cercando esse Estado com defesas diplomáticas e, como se isso não bastasse, tirando as últimas migalhas de sustento dos palestinos. Agora que estes estão morrendo de fome e têm apenas a ajuda mais básica da Agência das Nações Unidas de Assistência e Obras para os Refugiados da Palestina no Oriente Próximo (UNRWA) para se manterem vivos, os Estados Unidos e o Reino Unido também estão retirando essa última tábua de salvação. Não estaria de todo errado concluir que querem que os palestinos morram.

Esse é o quadro do primeiro semestre desse genocídio. Até o momento, tem se tratado de uma cena monocromática de cooperação. Nenhum outro genocídio já registrado teve um quadro semelhante desde o Holocausto.[4] De Bangladesh à Guatemala, do Sudão a Mianmar, genocídios podem ter sido perpetrados com diferentes graus de cumplicidade por parte do núcleo capitalista, mas aqui estamos lidando com algo qualitativamente distinto. Uma comparação útil seria com o genocídio contra os muçulmanos bósnios — um acontecimento que moldou minha própria juventude política. Com um embargo de armas, o Ocidente negou àquelas pessoas o direito de se defender; ao se retirarem de Srebrenica, as forças holandesas entregaram conscientemente a cidade a Ratko Mladić; nos quatro anos de guerra, a dita comunidade internacional ficou de braços cruzados enquanto os muçulmanos bósnios eram dizimados. Mas esses foram sobretudo atos de omissão. O Ocidente não armou a Republika Srpska [República Sérvia] com as melhores bombas de seus arsenais. O presidente dos Estados Unidos na época, Bill Clinton, não voou para abraçar Slobodan Milošević. O massacre não foi acompanhado pela repetição do refrão "os nacionalistas sérvios têm o direito de se defender". O que vemos agora pode ser o primeiro genocídio do capitalismo tardio avançado.

Devo confessar um pouco de ingenuidade da minha parte: eu não esperava uma sede tão voraz de sangue palestino. É claro que não fiquei surpreso com o comportamento da ocupação. A segunda coisa que dissemos uns aos outros na manhã de 7 de outubro de 2023 foi: eles vão destruir Gaza. Vão matar todo mundo. A primeira coisa que proferimos naquelas horas não foram exatamente palavras, mas gritos de exultação. Aqueles de nós que vivem a vida com e para a Questão Palestina não poderiam reagir de outra forma às cenas da resistência tomando de assalto o posto de controle de Erez: aquele labirinto de torres de concreto e cercas e sistemas de vigilância, aquela elaborada instalação de armas e scanners e câmeras — certamente o monumento mais monstruoso à dominação dos povos que visitei —, de repente nas mãos de combatentes palestinos que haviam dominado os soldados da ocupação e arrancado sua bandeira. Como poderíamos não ter gritado de espanto e alegria? Sentimos o mesmo com as cenas dos palestinos atravessando a cerca e o muro e se dirigindo às terras de onde haviam sido expulsos; e, de novo, com os relatos da tomada, por parte da resistência, do posto de polícia em Sderot, colônia que passou por uma limpeza étnica antes de ser construída sobre a aldeia de Najd, ocupada em 1948.

Essas foram as primeiras reações que compartilhei com os que me são mais próximos. A segunda, porém, foi uma apreensão enorme. Todos sabíamos como o Estado de Israel se comporta e o que esperar dele. O que eu, pessoalmente, não esperava era em que medida o Ocidente se lançaria nos assassinatos em massa. É óbvio que eu deveria ter imaginado. Mas, a despeito da ingenuidade, os acontecimentos dos últimos seis meses voltaram a trazer à tona a natureza dessa aliança. O que, exatamente, une o Estado de Israel e o Ocidente de forma tão íntima? O que explica a disposição de países como Estados Unidos e Reino Unido de se juntar a esse genocídio? E por que o império estadunidense compartilha o objetivo de Israel de destruir a Palestina? Uma explicação, ainda muito popular em partes da esquerda, é o poder do lobby sionista. Voltarei a esse ponto.

UM DOS COMPONENTES DA DEFINIÇÃO DE GENOCÍDIO É A "DESTRUIÇÃO FÍSICA TOTAL OU PARCIAL" DO GRUPO DE PESSOAS VISADO;

e, em Gaza, uma categoria central é precisamente a da destruição física. Já nos dois primeiros meses da ofensiva israelense, Gaza foi submetida a uma aniquilação brutal.[5] Ainda antes do final de dezembro de 2023, o *Wall Street Journal* relatou que a destruição de Gaza se igualava ou excedia a de Dresden e de outras cidades alemãs durante a Segunda Guerra Mundial.[6] Uma das vozes mais corajosas fora da Palestina é a de Francesca Albanese, relatora especial da ONU para os territórios palestinos ocupados em 1967. Ela inicia seu recente relatório com a observação de que, "após cinco meses de operações militares, Israel destruiu Gaza", e então passa a detalhar como cada pilar da vida em Gaza foi "completamente devastado".[7] A imagem emblemática é a de uma casa toda destruída e sobreviventes cavando freneticamente os escombros. Se tiverem sorte, um menino ou uma menina cobertos de poeira podem ser retirados da massa de destroços. A estimativa agora é de que cerca de doze mil corpos continuem debaixo das casas pulverizadas em Gaza, ainda por serem recuperados.

Essa não é bem a primeira vez que os palestinos passam por esse tipo de coisa, ainda que nunca antes na escala que vemos agora. O roteiro pode ser encontrado no Plano Dalet de 1948, que instruía as forças sionistas na arte de "destruir aldeias (incendiando-as, explodindo-as e plantando minas em seus escombros)".[8] Durante a Nakba,[9] era comum essas forças invadirem vilarejos durante a noite e sistematicamente dinamitarem uma casa após a outra, com as famílias ainda dentro. Uma peculiaridade da experiência palestina é que isso nunca teve um ponto-final. O ato original de destruir as casas sobre a cabeça de seus habitantes se repetiu várias e várias vezes: em Al-Majdal em 1950, de onde as pessoas foram deportadas para Gaza; em Gaza, em 2023 e 2024; e, nesse meio-tempo, inúmeras outras vezes. Para citar apenas um exemplo, a descrição de Beirute em 1982, feita por Liyana Badr em *A Balcony over the Fakihani* [Uma sacada no Fakihani], com palavras que poderiam servir para qualquer um desses casos:

> Eu vi montes de concreto, pedras, roupas rasgadas espalhadas, vidro quebrado, pequenos pedaços de algodão, fragmentos de metal, edifícios destruídos ou impossivelmente inclinados [...]. Poeira branca tragava o distrito, e através do cinza da fumaça assomavam os esqueletos dos quarteirões e os escombros de casas completamente acachapadas. [...] Tudo ali estava misturado. Carros de cabeça para baixo, papéis rodopiando no céu. Fogo. E fumaça. O fim do mundo.[10]

Esse é o fim do mundo que nunca termina: novos escombros são sempre despejados nos palestinos.[11] A destruição é a experiência constitutiva da vida palestina porque a essência do projeto sionista é a destruição da Palestina.

Desta vez, no entanto, ao contrário de 1948 ou 1950, a destruição da Palestina se desenrola em meio a um processo de destruição diferente, mas correlato: o do sistema climático do planeta. O colapso climático é o processo de destruição física de ecossistemas, do Ártico à Austrália. No livro *The Long Heat: Climate Politics When It's Too Late* [O longo aquecimento: políticas climáticas quando já é tarde demais], a ser lançado em 2025, Wim Carton e eu discutimos em detalhes como esse processo agora se desenrola aceleradamente. É o caso da Amazônia, por exemplo, que se encontra em uma espiral de declínio que pode transformá-la em uma savana sem árvores. A floresta amazônica está de pé há 65 milhões de anos. Agora, em questão de algumas poucas décadas, o aquecimento global — junto com o desmatamento, o modo original de destruição ecológica — está empurrando esse bioma em direção a um ponto de inflexão que, se superado, levará à sua extinção. Na verdade, enquanto escrevo, muitas pesquisas recentes sugerem que ela está prestes a atingir esse ponto.[12] Se a Amazônia perdesse sua cobertura florestal — uma ideia aterrorizante, mas dentro das possibilidades de um futuro próximo —, seria um tipo diferente de Nakba. As vítimas imediatas seriam, é claro, os indígenas, ribeirinhos e outros habitantes da região, cerca de quarenta milhões de pessoas que, no cenário mais provável, veriam o fogo devastar a floresta e transformá-la em fumaça, vivenciando assim o fim de um mundo.

Às vezes, esse processo assume uma semelhança morfológica impressionante com os acontecimentos em Gaza, mesmo nas proximidades geográficas. Na noite de 11 de setembro de 2023, menos de um mês antes do início do genocídio, a tempestade Daniel atingiu a Líbia. Na cidade oriental de Derna, na costa do Mediterrâneo, a cerca de mil quilômetros de Gaza, pessoas foram mortas enquanto dormiam. De repente, uma força vinda do céu destruiu suas casas. Depois, relatos descreveram como móveis aleatórios e partes de corpos podiam ser vistos sob os prédios pulverizados. "Cadáveres ainda estão espalhados pelas ruas, e falta água potável. A tempestade matou famílias inteiras."[13] Segundo um morador da cidade, foi "uma catástrofe diferente de tudo o que já vimos. Os moradores estão procurando os corpos dos familiares, cavando com as mãos e com ferramentas agrícolas simples".[14] Socorristas palestinos correram para o local. De acordo com um deles, "a devastação está além do que quer que se possa imaginar [...]. Você anda pela cidade e só vê lama, sujeira e casas demolidas. O cheiro de cadáveres está em todos os lugares. [...] Famílias inteiras foram apagadas do registro civil. [...] Você vê a morte por toda parte".[15]

Durante sua passagem de 24 horas, a tempestade Daniel despejou uma quantidade de água cerca de setenta vezes maior do que a média para o mês de setembro. Derna estava localizada na foz de um rio que corria por um uádi [curso d'água sazonal] em direção ao mar, normalmente entre margens estreitas — isso quando corria. Era uma região desértica. Mas agora, de repente, o rio subiu, rompeu duas barragens e atingiu Derna; água, sedimentos, detritos formaram uma espécie de trator que arrasou e rugiu pela cidade no meio da madrugada de 11 de setembro — uma força de tamanha velocidade e violência que foi capaz de arrastar estruturas e ruas para o Mediterrâneo e de transformar o antigo centro em um pântano. Usando as refinadas metodologias atuais de previsão do tempo, os pesquisadores logo puderam concluir que o aquecimento global experimentado até agora havia tornado as inundações cinquenta vezes mais prováveis[16] — um código matemático para a causa do desastre. Apenas esse aquecimento poderia ter provocado aquele evento. Durante os meses de verão anteriores, a temperatura das águas ao longo da costa do Norte da África esteve nada menos que 5,5 °C mais quente do que a média das duas décadas anteriores. E a água quente retém energia térmica que pode ser carregada em uma tempestade como se fosse combustível em um míssil. Cerca de 11.300 pessoas foram mortas em uma única noite pela tempestade Daniel na Líbia — até agora o evento de matança em massa causada pelo aquecimento global mais intenso da década, possivelmente do século.

Essas cenas foram um prenúncio impressionante das que começariam a se reproduzir em Gaza 26 dias depois; mas havia também conexões diretas entre os dois lugares. Como as equipes de resgate de Gaza há muito estão acostumadas a lidar com esse tipo de destruição, logo se dirigiram a Derna para ajudar. Pelo menos uma dúzia de palestinos que haviam fugido de Gaza e moravam em Derna morreram nas inundações. Um palestino, Fayez Abu Amra, disse à Reuters: "Aconteceram duas catástrofes, a catástrofe do exílio e a tempestade na Líbia"[17] — a palavra árabe para catástrofe aqui, claro, é *nakba*. Então, de acordo com Fayez Abu Amra, a primeira Nakba foi a de 1948, que expulsou seus ancestrais e outros oitocentos mil palestinos de sua terra natal; sua família foi parar no campo de Dair Al-Balah, e em seguida alguns membros seguiram para a cidade de Derna para escapar das guerras de agressão israelenses; e depois veio uma segunda Nakba. Fayez Abu Amra perdeu vários parentes na enchente. Ele próprio sobreviveu porque optou por ficar para trás, em Dair Al-Balah, onde tendas de luto foram erguidas para as vítimas. E então veio, apenas algumas semanas depois, o genocídio. Só Deus sabe se Fayez Abu Amra ainda está vivo.

No entanto, enquanto reconhecemos as semelhanças e interligações entre esses processos de destruição, algumas diferenças significativas também saltam aos olhos. As forças que se abateram sobre Derna eram de natureza diferente das que bombardeiam Gaza. O semeador anônimo da morte que caiu do céu no primeiro caso não era uma força aérea, mas a saturação cumulativa da atmosfera com dióxido de carbono. Ninguém teve a intenção específica de destruir Derna, como o Estado de Israel tem a intenção expressa de destruir Gaza; não houve porta-vozes do exército anunciando o objetivo de "máximo dano",[18] nenhum deputado do Likud[19] berrou: "Derrubem os prédios! Bombardeiem sem distinção!".[20] Quando as empresas de combustíveis fósseis extraem seus produtos e os colocam à disposição para serem queimados, elas não têm a intenção de matar alguém em particular. Mas sabem que essas commodities irão, sem dúvida alguma, matar pessoas — podem ser pessoas na Líbia ou no Congo ou em Bangladesh ou no Peru; para essas empresas, pouco importa.

Isso não é genocídio. No livro *Overshoot: How the World Surrendered to Climate Breakdown* [Ultrapassagem: como o mundo se rendeu ao colapso climático], a ser publicado em outubro de 2024,[21] Wim e eu fazemos um jogo com o termo "paupericídio" para nos referirmos ao que está acontecendo aqui: a expansão implacável da infraestrutura de combustíveis fósseis que ultrapassa todos os limites de um planeta habitável. O objetivo inicial do ato em si não é matar ninguém. O objetivo de extrair carvão, petróleo ou gás é ganhar dinheiro. Só que, uma vez que se sabe deliberadamente que essa forma de ganhar dinheiro de fato mata multidões, a ausência de intenção começa a ser subvertida. Como corolário das ideias básicas da ciência climática, esse conhecimento agora está mais ou menos universalmente difundido: os combustíveis fósseis matam gente de modo aleatório, cego, indiscriminado e fortemente concentrado nas comunidades pobres do Sul global; e matam em maior número enquanto o *business as usual* segue firme e forte. Quando a atmosfera está supersaturada de gás carbônico, a letalidade de qualquer quantidade adicional desse gás é alta e continua aumentando. As vítimas em massa são assim uma consequência ideológica e mentalmente processada — e aceita *de facto* — da acumulação de capital. "Se você está fazendo algo que está ferindo alguém, e sabe disso, está fazendo de propósito", disse o promotor Steve Schleicher em sua argumentação final contra o policial Derek Chauvin, condenado pelo assassinato de George Floyd em Minneapolis, Estados Unidos; *mutatis mutandis*, o mesmo se aplica aqui. Na realidade, a violência da produção de combustíveis fósseis se torna mais letal e mais intencional a cada ano. Compare com um bombardeio no campo de refugiados de Jabalia, em Gaza, em 25 de outubro de 2023, que matou pelo menos 126 civis, incluindo 69 crianças. O suposto propósito desse ato era liquidar um único líder militar do Hamas. Será que a ocupação israelense também tinha a intenção de matar os 126 civis, ou esse número de mortes foi apenas a insensível indiferença de sua parte a esse tipo de dano colateral massivo? Intencionalidade e indiferença se misturam aqui, assim como no front climático, ainda que este seja de uma qualidade diferente do front palestino — mas talvez a diferença esteja diminuindo.

Há momentos específicos de articulação entre a destruição da Palestina e a destruição do planeta? Por momentos de articulação, entendo pontos em que um processo impacta e forma o outro, em uma causalidade recíproca, uma dialética de determinação. Minha resposta é sim — de fato, tais momentos de articulação têm se concatenado em uma sequência bastante rigorosa por quase dois séculos. Por ser um aficionado por história, voltarei ao momento em que tudo começou: 1840. Os eventos daquele ano têm sido uma obsessão perene para mim. Eu os tenho mencionado aqui e ali, mas ainda não escrevi um relato coerente a respeito deles. Comecei essa pesquisa há onze anos, na reta final do meu doutorado, quando escrevi *Fossil Capital* [Capital fóssil],[22] e percebi que o tema exigia um estudo próprio, uma sequência com o título de *Fossil Empire* [Império fóssil]. Nas últimas semanas, retornei mais uma vez a esse momento da história com o objetivo de desenvolver uma análise pelo viés de longa duração (*longue durée*)[23] sobre o império fóssil na Palestina.

O ANO DE 1840 FOI CRUCIAL PARA A HISTÓRIA DO ORIENTE MÉDIO

e do sistema climático, pois marcou a primeira vez que o Império Britânico empregou navios a vapor em uma grande campanha militar. A energia a vapor foi a tecnologia que deu início à dependência de combustíveis fósseis: os motores a vapor funcionavam com carvão, e foi sua difusão pelas indústrias da Grã-Bretanha que transformou aquela nação na primeira economia fóssil do mundo. Mas a energia a vapor nunca teria deixado sua marca no clima se tivesse ficado restrita às Ilhas Britânicas. Foi ao exportá-la para o resto do globo, lançando a humanidade em uma espiral de combustão fóssil em larga escala, que a Grã-Bretanha mudou o destino deste planeta: a globalização da energia a vapor foi uma faísca necessária. A chave para essa faísca, por sua vez, foi o uso de navios a vapor em guerras. Foi projetando violência que a Grã-Bretanha integrou outros países na estranha economia que havia criado — por meio da transformação, poderíamos dizer, do capital fóssil em império fóssil.

Naquele momento, a Grã-Bretanha era o maior império que o mundo já tinha visto, erigido pela supremacia naval, até então fundamentada na tradicional força motriz do vento. Nos anos 1820, porém, a Marinha Real começou a considerar a propulsão a vapor — ou seja, a queima de carvão em vez de navegação com o vento, uma vez que o vento, apesar de ser uma fonte "renovável", como chamaríamos hoje, inesgotável e gratuita, tem de fato limitações bem conhecidas. Os capitães não podiam contar que o vento soprasse como desejavam. No campo de batalha, os navios a vela podiam ser retidos pela calmaria, ou afastados de seus alvos por rajadas e tempestades na direção contrária, ou conseguiam avançar apenas lentamente. Caprichos do vento podiam dar ao inimigo oportunidades de fuga, reagrupamento, contra-ataque. Em ações militares, quando a mobilização de energia era necessária com mais urgência, o vento não era uma força confiável. O vapor obedecia a outra lógica; derivava sua força de uma fonte de energia que não tinha relação com as condições meteorológicas, ventos, correntes, ondas, marés: o carvão vinha de um estoque subterrâneo, um legado da fotossíntese com centenas de milhões de anos; e, uma vez trazido à superfície, podia ser queimado no lugar e na hora em que o proprietário exigisse. A força de ataque de um navio a vapor podia ser convocada a qualquer momento. Uma frota dessas embarcações poderia ser organizada conforme a vontade dos capitães — canhões apontados, tropas desembarcadas, inimigos perseguidos , independentemente do vento. Essas liberdades foram enfatizadas pelo almirante Charles Napier, o defensor mais ferrenho dos navios a vapor na Marinha Real, que as resumiu de forma incisiva: "O motor a vapor torna o vento sempre favorável", ou "O motor a vapor obteve um domínio tão completo sobre os elementos que me parece que agora possuímos tudo o que era necessário para tornar perfeita a guerra marítima".[24] A conquista dos elementos foi, em última análise, uma função do perfil espaçotemporal dos combustíveis fósseis: como estavam apartados do espaço e do tempo da superfície da Terra, prometiam libertar o império das coordenadas segundo as quais os barcos haviam navegado desde tempos imemoriais.

A primeira vez que Napier teve a oportunidade colocar esse aperfeiçoamento em prática foi em 1840, nas costas do Líbano e da Palestina. Naquele ano, a Grã-Bretanha entrou em guerra contra Muhammad Ali. Ali era o paxá do Egito, nominalmente a serviço do Império Otomano, mas na prática o governante de seu próprio reino, que, na época, estava em estado de guerra com o sultão. As forças de Ali haviam se espalhado a partir do Egito e conquistado as regiões do Hejaz e do Levante, formando um protoimpério árabe, em rota de colisão com a Sublime Porta e com Londres. A ascensão de Ali ameaçava derrubar o Império Otomano, cuja estabilidade e integridade, naquele momento, era considerada pela Grã-Bretanha como um ativo estratégico contra a Rússia. Se o Império Otomano se dissolvesse, a Rússia poderia se expandir para o sul e o leste em direção à colônia real da Índia. Portanto, Londres desejava apoiá-lo. A Grã-Bretanha foi levada a intervir contra Ali, digamos, pela rivalidade entre impérios, assim como — e não menos importante — pela dinâmica do desenvolvimento capitalista dentro da própria Grã-Bretanha. A indústria do algodão era sua ponta de lança, mas na década de 1830 ela havia avançado tanto em relação a todos os outros ramos que estava sofrendo com uma crise de superprodução: montanhas grandes demais de fio de algodão e de tecido saíam das fábricas. A demanda era insuficiente para absorver toda a produção. A Grã-Bretanha, portanto, estava desesperada por mercados de exportação; e, em 1838, felizmente, o Império Otomano concordou com um tratado de livre comércio absurdamente vantajoso, conhecido como Tratado de Balta Liman, que abriria os territórios sob controle do sultão para exportações britânicas essencialmente ilimitadas. O problema, no entanto, era que um número cada vez maior desses territórios estava passando a ser controlado por Muhammad Ali, que seguia uma política econômica oposta: a da substituição de importações. Ele construiu suas próprias fábricas de algodão no Egito. No final da década de 1830, elas haviam se tornado a maior indústria do ramo fora da Europa e dos Estados Unidos. O paxá não queria saber do livre comércio britânico. Por isso, instituiu tarifas, monopólios e outras barreiras protecionistas em torno de sua indústria de algodão e a promoveu de forma tão eficaz que ela passou a ter condições de incursionar em mercados antes dominados pela Grã-Bretanha, tão distantes quanto a própria Índia.

A Grã-Bretanha odiou a situação. E ninguém a odiou mais do que lorde Palmerston, o secretário de Relações Exteriores e principal arquiteto do Império Britânico em meados do século XIX. Ele dizia: "A melhor coisa que Muhammad poderia fazer seria destruir todas as suas manufaturas e jogar suas máquinas no Nilo".[25] Palmerston e o resto do governo britânico consideraram a recusa de Ali em aceitar o Tratado de Balta Liman como *casus belli*. O livre comércio tinha que ser imposto ao paxá e a todas as terras árabes que ele governava. Caso contrário, a indústria de algodão britânica permaneceria sufocada, sem os pontos de venda necessários para continuar se expandindo. Lorde Palmerston não escondeu os princípios de sua política externa. "Era dever do governo abrir novos canais para o comércio do país"; seu "grande objetivo" em "cada canto do mundo" era abrir terras para o comércio, e por isso era seu compromisso uma confrontação total com Ali.[26] O lorde ficou obcecado com "a questão oriental". "De minha parte, odeio Muhammad Ali, a quem considero nada mais do que um bárbaro arrogante", escreveu Palmerston em 1839. "Considero sua suposta civilização no Egito a mais pura farsa."[27] Londres se tornou mais beligerante a cada mês. "Saiba", advertiu ao paxá o cônsul-geral em Alexandria, "que está no poder da Inglaterra *pulverizá-los*".[28] "Devemos agir de uma vez, rápido e bem", aconselhou lorde Ponsonby, o embaixador britânico em Istambul; e "todo o vacilante edifício do que é ridiculamente chamado de 'nacionalidade árabe' desmoronará".[29] Com tais palavras ecoando pelos corredores de Whitehall, lorde Palmerston ordenou que a Marinha Real reunisse seus melhores navios a vapor. No final do verão de 1840, um esquadrão de ponta partiu sob comando de Napier em direção a Beirute.

O NAVIO FAVORITO DE NAPIER TINHA O NOME DE *GORGON*.

Impulsionado por um motor a vapor de 350 cavalos de potência, com espaço para 380 toneladas de carvão, 1.600 soldados e 6 canhões, era "o primeiro verdadeiro navio de guerra a vapor", marcando "uma nova era".[30] A bordo do *Gorgon*, Napier partiu para fazer o reconhecimento da área ao redor de Beirute, navegando pela costa a seu bel-prazer, em esplêndido desrespeito ao clima, e enviou um pedido urgente a seus colegas oficiais: "Vocês devem me enviar navios de carvão aqui *a todo custo*, pois navios a vapor sem carvão são inúteis".[31] Em 9 de setembro, começou o bombardeio de Beirute. O *Gorgon* e outros três navios a vapor lideraram a ação, com mais quinze veleiros em formação ao seu redor. Com suas chaminés cuspindo fumaça, os navios a vapor tinham a distintiva capacidade de contornar a baía de Beirute de um lado para outro e acossar os defensores egípcios, comandados pelo filho de Ali, Ibrahim Paxá. Outros alvos também parecem ter sido atingidos. Depois de um dia de bombardeio especialmente severo, em 11 de setembro, o general local enviou uma carta de acusação à frota britânica:

> Para matar cinco dos meus soldados, vocês arruinaram e trouxeram desolação a famílias; mataram mulheres, um bebê e sua mãe, um homem idoso, dois camponeses sem sorte e, sem dúvida, muitos outros cujos nomes ainda não chegaram até mim [...]. Seu fogo, eu digo, tornou-se mais vigoroso e destrutivo para os infelizes cam-

poneses do que para os meus soldados. Vocês parecem decididos a se tornar senhores da cidade.[32]

Algumas fontes de Beirute afirmaram que cerca de mil pessoas foram mortas no bombardeio, seus corpos espalhados pelas ruas. A tripulação de um cruzador estadunidense relatou que "todas as construções, tanto particulares quanto públicas, estavam em ruínas, a frota inglesa disparava contra as poucas restantes e estava determinada a não deixar pedra sobre pedra, e a cidade apresentava uma cena de devastação e destruição".[33]

Depois dessa façanha, os navios a vapor perseguiram as tropas de Ibrahim Paxá ao longo da costa. De Latakia, ao norte, passando por Trablus e Sur, até Haifa, ao sul, suas posições caíram como dominós, com os defensores recuando sob os ataques implacáveis e imprevisíveis. "O vapor nos dá uma grande superioridade, e vamos mantê-los em movimento", exultou Napier. "Ibrahim deve marchar muito rápido se quiser vencer o vapor."[34] Lorde Palmerston acompanhava satisfeito as notícias da linha de fogo, rapidamente enviadas a Londres por navios a vapor, e escreveu de volta: "Quanto mais força for acumulada na Síria, melhor".[35] Em seguida, ele ordenou um ataque à cidade palestina de Akka [também referida como Acre]. Todos sabiam que a batalha decisiva aconteceria ali. Akka havia notoriamente resistido por seis meses contra Napoleão em 1799 e, depois, por seis meses em 1831, quando Ibrahim Paxá a cercara. Desde então, os egípcios haviam reparado as muralhas da antiga capital dos cruzados, armado suas defesas com canhões pesados e a guarnecido com milhares de soldados, reforçando a posição de Akka como a mais resistente fortaleza da costa do Levante. Com um grande arsenal, ela transbordava de armas e munições, a maioria estocada em um depósito central. Akka também era uma cidade próspera, com uma população civil que nada tinha a ver com questões militares.

Em 1º de novembro de 1840, o *Gorgon* e os outros três navios a vapor surgiram diante da cidade. Estavam sozinhos; os veleiros haviam sido retardados pelos ventos fracos. Napier exigiu a rendição dos egípcios. Quando eles se recusaram, o bombardeio de Akka começou. Um relato descreveu a ação:

> A utilidade de navios a vapor na guerra foi assim demonstrada: a divisão a vapor dos aliados, tendo chegado à baía, imediatamente começou a lançar tiros e bombas contra a cidade, o que deve ter incomodado muito a guarnição; embora devolvessem um fogo muito vigoroso, este era inofensivo, *pois os navios a vapor constantemente mudavam suas posições.*[36]

Na noite de 2 de novembro, o restante da frota de navios a vela chegou. Foi organizada uma linha de batalha propriamente dita. A mobilidade especial do novo modo de propulsão seria totalmente utilizada, com os navios a vapor formando a ponta central do ataque (figura 1).[37]

Na tarde de 3 de novembro, os navios a vapor retomaram o bombardeio de Akka e os outros navios se juntaram ao que foi, segundo Napier, "um fogo tremendo".[38] Os defensores também lançaram seus próprios tiros. Após duas horas e meia, uma explosão ensurdecedora cortou o campo de batalha. Segundo um dos muitos relatos sobre o evento, de dentro de Akka,

> uma massa de fogo e fumaça subiu repentinamente como um vulcão no céu, seguida de imediato por uma chuva de materiais de todos os tipos, que foram erguidos por sua força. A fumaça deteve-se por alguns momentos como uma imensa cúpula negra, obscurecendo tudo. O terrível estrondo foi ouvido acima do tumulto do ataque, e foi imediatamente sucedido pela pausa mais terrível. Os disparos de ambos os lados foram suspensos de repente, e por alguns minutos nada quebrou o silêncio assustador além dos ecos das montanhas que repetiam o som como um retumbar de trovões distantes, e a queda ocasional de algum edifício desmoronando.[39]

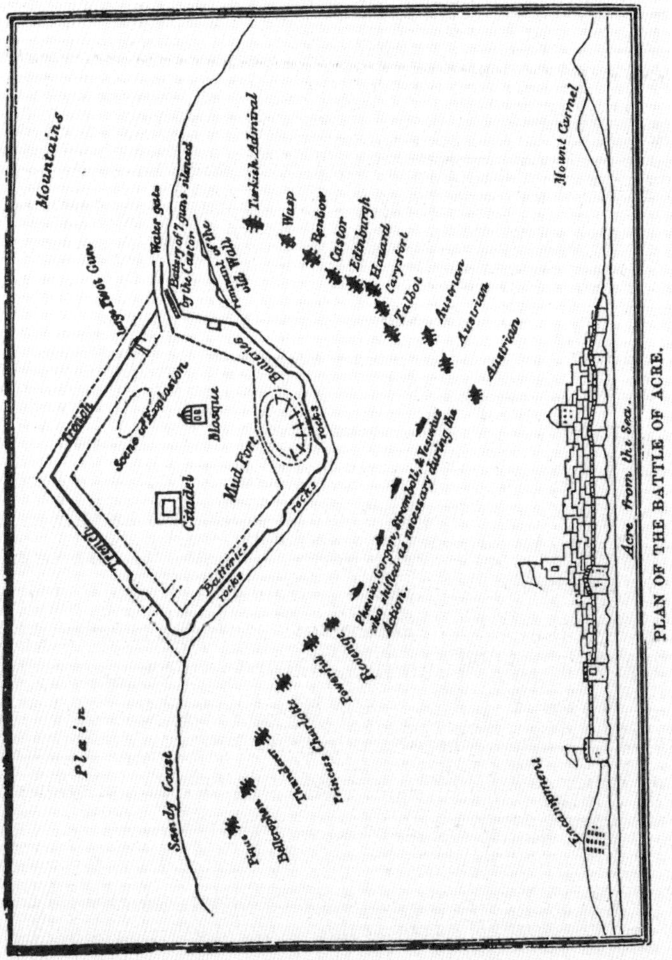

Figura 1. Mapa da batalha de Akka. (W. P. Hunter, *Narrative of the Late Expedition to Syria*, v. 1. Londres: Henry Colburn, 1842, p. 263.)

O grande depósito de pólvora de Akka havia sido atingido por um projétil. O *Gorgon* foi considerado o herói do ataque. Nas palavras confiantes de um capitão britânico, o "depósito de pólvora explodiu em consequência de um projétil bem direcionado da fragata a vapor *Gorgon*".[40] Não podemos descartar que tenha sido um acerto acidental, mas os britânicos claramente conheciam a localização do depósito. Transmitindo informações atualizadas, lorde Minto, detentor da mais alta patente da Marinha Real, informou o comando em terra de que "há muita pólvora armazenada de forma muito insegura em Acre", e apontou o arsenal como um alvo adequado em uma carta datada de 7 de outubro.[41]

A despeito do grau exato de intencionalidade, não há dúvidas quanto aos resultados do ataque do primeiro verdadeiro navio de guerra a vapor. A cidade palestina de Akka se transformou em ruínas. "Dois regimentos inteiros", dizia um relatório enviado a lorde Palmerston, "foram aniquilados, e toda criatura viva dentro da área de sessenta mil metros quadrados deixou de existir; a perda de vidas foi estimada de modo variável entre 1.200 e 2.000 pessoas".[42] Ao cair da noite de 3 de novembro, os poucos soldados árabes sobreviventes evacuaram suas últimas posições em Akka. Quando as tropas britânicas entraram na cidade no dia seguinte, foram recebidas por uma devastação total. "Cadáveres de homens, mulheres e crianças, enegrecidos pela explosão do depósito de pólvora e mutilados da forma mais terrível pelos tiros de canhão, estavam por toda parte, meio enterrados entre as ruínas das casas e fortificações: mulheres procuravam pelos corpos dos maridos, crianças pelos pais."[43]

Em uma carta para sua esposa, o próprio Charles Napier expressou desconforto e talvez algum remorso: "Eu estive em terra em Acre para ver a devastação que causamos e testemunhei uma visão que nunca poderá ser apagada da minha memória, e que me faz, neste momento, quase tremer ao pensar nela". Ele viu centenas de mortos e moribundos jazendo entre os destroços; "a praia, ao longo de quase um quilômetro de cada lado, estava coberta de corpos"; passados alguns dias, os cadáveres "empestavam o ar com um mau cheiro verdadeiramente horrendo".[44] Mesmo em seu relato oficial em *The War in Syria* [A guerra na Síria], Napier admitiu que "nada poderia ser mais chocante do que ver os miseráveis desgraçados, doentes e feridos, em todas as partes dessa cidade devota, que foi quase inteiramente pulverizada".[45] Os britânicos pareciam surpresos com a escala da destruição que haviam causado. Em uma carta para lorde Minto, outro almirante escreveu: "Não consigo descrever a Vossa Senhoria a completa destruição das obras e da cidade pelo fogo de nossos navios".[46] Um aspirante a oficial de um dos menores navios a vapor falou sobre mãos, braços e dedos despontando dos escombros.[47]

Quase esquecido hoje em dia, esse evento gerou um enorme fascínio na Grã-Bretanha do início da era vitoriana. A fortaleza que resistiu durante seis meses contra Napoleão caiu em menos de três dias sob os ataques dos navios a vapor — na contagem mais popular, menos de três *horas* de bombardeio concentrado em 3 de novembro. Foi uma demonstração sublime, imponente, milagrosa do poder da Grã-Bretanha como um todo e do motor a vapor em particular, representada em uma série de gravuras — como as figuras 2 e 3 (nesta última, um barco a vapor, possivelmente o *Gorgon*, aponta diretamente para Akka, e sua coluna de fumaça se interliga à gigantesca erupção do depósito de pólvora atrás das muralhas e dos minaretes: carvão em chamas, cidade em chamas). Em uma litogravura que supostamente representa a cena pelo ponto de vista dos defensores árabes (figura 4), a fumaça de um navio a vapor também se eleva na porção central, enquanto à esquerda a cidade inteira vai pelos ares.

Embora a explosão tenha sido o ponto central, a ação foi além. Os vapores se utilizaram de sua capacidade de manobrar livremente pelas águas próximas das muralhas de Akka, disparando os projéteis a apenas quarenta metros de distância, depois recuando quando necessário. O bombardeio podia ser mais preciso e mais devastador, e continuou por quase três dias antes da explosão.

Figura 2. John Frederick Warre, *The Bombardment and Capture of St. Jean D'Acre*, 1841, litogravura.

Figura 3. H. Winkles, *Bombardment of St. Jean d'Acre*, 1840, gravura.

Figura 4. Schranz Brothers, *Bombardment of St. Jean d'Acre*, 1841, litogravura.

Os britânicos usaram esse poder avassalador para atingir as forças de Ibrahim Paxá com a máxima precisão? Numa reconstrução recente do ataque, a mais detalhada, quatro pesquisadores israelenses escreveram: "O bombardeio foi direcionado à própria cidade. [...] Na realidade, o objetivo do bombardeio era forçar a guarnição a se render, não pelos danos que esta poderia sofrer, mas pela matança e pelo sofrimento infligidos aos não combatentes".[48] Pode ser que você reconheça esse tipo de pensamento estratégico. Um almirante descreveu como as coisas funcionaram: "Cada tiro que ultrapassava as muralhas destroçava o alto das casas, lançando paredes e pedras sobre a cabeça das pessoas [...] não havia refúgio em lugar algum".[49]

Independentemente dos escrúpulos que os britânicos tiveram (ou não) ao desembarcarem na cidade depois do massacre, em Whitehall a felicidade não tinha limites. Lorde Palmerston parabenizou a Marinha Real pela tomada de Akka e por garantir "a operação dos tratados comerciais".[50] O caminho para o livre comércio no Oriente Médio estava aberto. Este foi o grande feito dos navios a vapor, amplamente elogiados por sua eficiência: "continuamente alteravam suas posições durante a ação e lançavam tiros e bombas sempre que viam os pontos mais eficazes a serem atingidos", observou um relato, ressaltando que "é bastante notável que nenhum dos quatro navios a vapor tenha contabilizado um único homem morto ou ferido".[51] Se os homens passaram pela ação sem nenhum arranhão, outro recurso, no entanto, quase se esgotou: o combustível. Depois da batalha, nenhum dos quatro vapores tinha mais do que um dia de suprimento a bordo. Praticamente todo o carvão armazenado tinha sido queimado na pulverização de Akka.

A queda da cidade determinou o resultado da guerra de uma tacada só. As forças de Ibrahim Paxá entraram em colapso e bateram desordenadamente em retirada pelas planícies costeiras da Palestina. Os vapores continuaram a assediá-los, desembarcando em Yafa e rondando Gaza. Em terra, as tropas de infantaria britânicas avançaram por Gaza em janeiro de 1841, para garantir "a destruição das provisões do inimigo". Essa foi a primeira vez que as forças lideradas pelos britânicos ocuparam essa porção da Palestina, mesmo que apenas por um breve período.[52] Os Engenheiros Reais rapidamente produziram um mapa de Gaza, mais precisamente da Cidade de Gaza. A figura 5 mostra como ela era em 1841. É possível ver Shujaiyya à direita. Hoje em dia, não sobrou muito dessa malha urbana.

Enquanto os britânicos se mantinham no controle de Gaza e a mapeavam e destruíam os seus estoques de alimentos — presumivelmente apenas para privar o exército egípcio de provisões —, colunas dispersas de soldados desmoralizados, sedentos e famintos vagavam pelo deserto de volta para o Egito (menos de um quarto do exército que Ibrahim comandava no início da guerra). Antes da chegada desses soldados, Napier seguiu para o porto de Alexandria, onde ameaçou sujeitar aquela cidade ao mesmo tratamento dedicado a Akka, a menos que Muhammad Ali aceitasse todas as demandas britânicas. Ali pediu para ao menos manter a província da Palestina, mas, novamente, Napier avisou que "reduziria Alexandria a cinzas".[53] Isso tirou a Palestina da mesa de negociações. Da mesma forma, Napier pressionou pela implementação imediata do Tratado de Balta Liman no Egito. Ali cedeu também nesse ponto.

Foi assim que a Grã-Bretanha destruiu o protoimpério árabe usando o motor a vapor. De Beirute a Alexandria, os vapores da Marinha Real formaram a vanguarda da vitória, mais hábeis do que seus parceiros movidos a vento em cada manobra que se beneficiava da mobilidade no espaço. Em um artigo intitulado "Iron War Steamers" [Vapores de guerra], o *Manchester Guardian* citou a carta anônima de um súdito britânico em Alexandria:

> Tanto foi feito ultimamente no Levante com a energia a vapor que todos agora estão conscientes de suas capacidades como elemento tanto de guerra quanto de paz, e estão prontos para perguntar:

Figura 5. Mapa de Gaza, 1841.
(Corps of Royal Engineers, *Papers on Subjects Connected with the Duties of the Corps of Royal Engineers*. Londres: J. Weale, 1843, p. 23.)

> "O que ela fará em seguida?". Ibrahim Paxá só pode explicar sua perda da costa da Síria em uma semana confessando que "os barcos a vapor trouxeram o inimigo em todas as partes tão rapidamente que seria necessário ter asas para acompanhá-los! Era como lutar contra um gênio da lâmpada![54]

Esse poder derivava de combustíveis fósseis: o motor a vapor permitia que almirantes e capitães conectassem seus barcos a uma corrente do passado, uma fonte de energia externa ao espaço e ao tempo da batalha real, por meio da qual os navios podiam, portanto, avançar como se tivessem asas. A superioridade militar da Grã-Bretanha foi radicalmente ampliada por sua capacidade de mobilizar seu estoque de carvão como força para passar por cima do inimigo. Ou, como apontou o *Observer*, referindo-se à Palestina: "O motor a vapor, mesmo agora, quase concretiza a ideia de onipotência e onipresença militar; está em todos os lugares, e não há como resistir a ele".[55] Depois de ter provado seu ímpeto na Palestina, a Grã-Bretanha estava pronta para projetar o poder dos combustíveis fósseis ao redor do globo.

O PAÍS CUJO DESTINO FOI MAIS IMEDIATAMENTE SELADO POR ESSES ACONTECIMENTOS FOI O EGITO.

A indústria de algodão de Muhammad Ali caiu por terra praticamente do dia para a noite. Quando o livre comércio foi estendido a seu domínio em declínio, as fábricas no Nilo não puderam fazer frente às exportações britânicas, e a razão para isso é bastante óbvia: o Egito não tinha motores modernos. Não tinha energia hídrica, porque o Nilo é um rio lento e sinuoso com um gradiente quase imperceptível, desprovido de corredeiras e quedas-d'água. Também não tinha energia a vapor. Em vez disso, a indústria egípcia funcionava esmagadoramente à base de tração animal — bois ou mulas ou até mesmo músculos humanos impulsionavam as máquinas. Eram fontes de energia muito deficientes se comparadas aos motores a vapor. Eram fracas, irregulares, desordenadas. Por que, então, Muhammad Ali não adotou o vapor? Era o que ele mais queria. Sintonizado com as tendências da indústria capitalista, a partir dos anos 1820 ele desenvolveu uma preocupação com o vapor e o carvão que beirava a obsessão. Ele sabia que só poderia fazer frente à Grã-Bretanha copiando suas inovações — em fundições e fábricas e nos mares, na competição econômica e na guerra. "Os ingleses fizeram muitas grandes descobertas, mas a melhor delas é a da navegação a vapor", diria ele ao emissário de lorde Palmerston.[56]

Mas o vapor exigia seu combustível. E Ali não possuía qualquer reserva. Ele estava perfeitamente ciente desse problema, tanto que enviou expedições ao Alto Egito, Sudão e além, na tentativa de localizar veios de carvão. Meu orientando de doutorado Amr Ahmed recentemente defendeu sua tese *Egypt Ignited: How Steam Power Arrived on the Nile and Integrated Egypt into Industrial Capitalism (1820s-76)* [Egito aceso: como a energia a vapor chegou ao Nilo e integrou o Egito ao capitalismo industrial (anos 1820 a 1876)]. Nessa pesquisa, Amr mostra como a busca por carvão impulsionou a expansão imperial de Muhammad Ali. Um de seus motivos para conquistar a Síria eram os indícios de carvão no Monte Líbano. E, de fato, era possível extrair carvão das colinas onde viviam os drusos e maronitas: em 1837, os egípcios conseguiram extrair de lá um volume equivalente a 2,5% do total da produção britânica. Aparentemente, esse carvão libanês era de qualidade inferior, caro e evidentemente insuficiente para alimentar uma transição para o vapor nas fábricas do Cairo antes que os britânicos as destruíssem. A incipiente indústria do carvão no Monte Líbano também gerou problemas para Ali. As pessoas foram forçadas a trabalhar nas minas e detestavam a labuta, a ponto de se rebelarem contra as forças de Ibrahim Paxá em 1840 — insatisfação explorada pelos britânicos para seus próprios fins políticos. A revolta contra os sonhos carvoeiros de Ali contribuiu para sua queda. Seu projeto era criar um império fóssil nas terras dos árabes; como todos os construtores de impérios, ele era um tirano implacável (em 1834, o povo de Nablus se ergueu contra ele). No final, o projeto fracassou, em grande parte porque Ali não conseguiu estabelecer reservas adequadas de carvão como base do império. Só podemos especular sobre o que teria acontecido se as reservas turcas de carvão, que hoje sabemos serem muito extensas, tivessem caído em suas mãos. Pouco depois da guerra de 1840, um decadente Muhammad Ali exclamou para um visitante britânico: "Carvão! Carvão! Carvão! Essa é a única coisa de que necessito!".[57]

Na década de 1830, o Egito se equilibrava na fronteira entre o centro e a periferia. O país embarcou em uma industrialização precoce, e foi por um curto período a principal "economia emergente", como chamaríamos hoje, fora da Europa e dos Estados Unidos. Mas aquele era um momento em que o acesso à energia a vapor e ao carvão que a alimentava determinava o destino das nações: sem esse bilhete premiado, e com um baita chute vindo de cima, o Egito rolou escada abaixo. As fábricas de algodão no Nilo logo também estariam arruinadas. O Egito se tornou um mercado importante para as exportações britânicas e uma fonte ainda mais importante de algodão cru: um país travado em uma posição periférica. Depois de 1840, passou pela mais extrema desindustrialização vista em qualquer lugar durante o século XIX. Por volta de 1900, entre 93% e 100% de suas exportações consistiam em um único produto — um grau incomum de especialização. Por conta da posição do Egito no mundo árabe, esse subdesenvolvimento também subordinou toda a região aos países de capitalismo avançado do Ocidente: uma relação de poder com resultados muito duráveis, que só pôde se consolidar graças aos eventos de 1840. Em *Egypt Ignited*, Amr continua essa história com detalhes minuciosos e demonstra como o Egito se submeteu à economia fóssil que girava em torno da Grã-Bretanha — sua economia acabou se entrelaçando com o carvão e o vapor, mas eram carvão e vapor importados da Grã-Bretanha, usados para a produção e transporte de matérias-primas.

O SEGUNDO PAÍS A TER O DESTINO TRAÇADO NAQUELE MOMENTO FOI A PALESTINA.

Em 1840, o Império Britânico propôs pela primeira vez a colonização do país por judeus. Mais precisamente em 25 de novembro, Palmerston escreveu para Ponsonby, o embaixador em Istambul: "Este é um grande triunfo para todos nós [a queda de Akka, que havia se dado havia algumas semanas] e especialmente para você, que sempre sustentou que o poder de Muhammad ruiria sob um ataque europeu". E então continuou:

> Por gentileza, tente fazer o que puder em relação a esses judeus; você não tem ideia de até que ponto vai o interesse por eles; seria extremamente político [se pudéssemos fazer] o sultão dar-lhes todo incentivo e facilidades para retornar à Palestina e comprar terras ali; se lhes fosse permitido usar nossos cônsules e embaixador como canal para reclamações, a dizer, colocarem-se praticamente sob nossa proteção, eles voltariam em número considerável e trariam consigo muita riqueza.[58]

Assim, 57 anos antes do primeiro congresso sionista, 77 anos antes da Declaração Balfour, 107 anos antes do plano de partilha, o principal arquiteto do Império Britânico, próximo do ápice de seu poder, estabeleceu aqui a fórmula para a colonização da Palestina. Por alguma razão, esse documento específico parece nunca ter sido citado pela historiografia. Mas está tudo lá, encapsulado em uma missiva enviada na euforia que se seguiu à pulverização de Akka.

Em 1840, ocorreu a primeira febre do que hoje conhecemos como projeto sionista. Ela estava em gestação fazia alguns anos. Como é bastante conhecido, a Grã-Bretanha viu surgir no final da década de 1830 um surto de sionismo cristão, a doutrina de que os judeus devem ser reunidos e "restaurados" à Palestina, onde se converterão ao cristianismo e precipitarão a segunda vinda de Cristo e o início do Fim dos Tempos. O principal pregador desse evangelho era o conde de Shaftesbury, que era parente de lorde Palmerston — e tentou aproveitar ao máximo esse vínculo familiar, mas, quando falou com o secretário das Relações Exteriores, teve que deixar de lado seus argumentos religiosos. Em vez disso, bombardeou Palmerston com relatos sobre "os poderes produtivos da Terra Santa", que foram "totalmente negligenciados por séculos". Se a Grã-Bretanha resolvesse inserir os judeus ali, a Palestina poderia se transformar em fornecedora de algodão cru e mercado para produtos manufaturados, e "nossos capitalistas poderiam ser tentados a investir grandes somas em maquinário e cultivo".[59] Depois de um jantar com Palmerston em 1º de agosto de 1840, o devoto mas astuto Shaftesbury anotou em seu diário: "Sou forçado a usar argumentos políticos, financeiros, comerciais; essas considerações o afetam profundamente".[60] Porém, a escatologia e o império não eram incompatíveis. Shaftesbury conseguiu fazer a Grã-Bretanha instalar um consulado em Jerusalém em 1838; não por acaso, foi nesse mesmo ano que a Grã-Bretanha avançou sobre a região com a assinatura do Tratado de Balta Liman. Deus e Mamom muito bem misturados. Lady Palmerston, esposa do secretário das Relações Exteriores, que aparentemente tinha grande influência sobre suas opiniões, interpretou a queda de Akka por meio da Bíblia:

> Não *pode* ser coincidência que todas essas coisas tenham se dado dessa forma! Minha impressão é de que se trata da restauração dos judeus e do cumprimento das profecias. [...] É certamente muito curioso, e Acre parece ter vindo abaixo como as muralhas de Jericó, e o exército de Ibrahim dispersou-se como as inúmeras hostes que eram inimigas dos judeus, como vemos no Antigo Testamento.[61]

É preciso assinalar desde já que essa era uma fantasia totalmente gentia, cristã, anglo-saxã branca, na qual os judeus que de fato viviam no Oriente Médio ou em outras partes do mundo não desempenharam qualquer papel ativo.

O próprio lorde Palmerston claramente viu a pulverização de Akka não como um sinal do fim dos tempos, mas de uma nova era de prosperidade. Afinal, a indústria do algodão não seria mais limitada pela falta de mercados. Depois do episódio que chamou de "a prostração de Muhammad Ali", Palmerston reafirmou sua filosofia geral:

> Devemos nos esforçar incessantemente para encontrar em outras partes do mundo novas demandas para os produtos de nossa indústria. O mundo é grande o suficiente, e as necessidades da raça humana são amplas o bastante para proporcionar uma demanda para tudo o que pudermos fabricar; mas é dever do governo abrir e garantir os caminhos para o comerciante.[62]

Era nesse esquema que os judeus tinham um papel a desempenhar. Em outra carta — e esse documento foi citado com relativa frequência —, Palmerston solicitou que Ponsonby convencesse o sultão a "incentivar o retorno e assentamento dos judeus na Palestina, pois a riqueza que levariam com eles aumentaria os recursos nos domínios do sultão"; além disso, um assentamento judeu serviria como "uma contenção a futuros desígnios maléficos de Muhammad Ali ou de seu sucessor".[63] Durante toda a "crise do Oriente", Palmerston ditou a justificativa repetidas vezes em cartas a seu embaixador: um "retorno" dos judeus à Palestina implantaria "um grande número de capitalistas ricos"; se o sultão os aceitasse, ganharia a amizade de "classes poderosas neste país [Reino Unido]"; "o capital e a indústria dos judeus aumentariam muito sua receita e acrescentariam muito à força de seu império".[64] Aqui, podemos ver uma espécie de radiografia do sionismo imperialista. Como os judeus estariam ligados à metrópole, dar-lhes a Palestina ajudaria a destravar o desenvolvimento capitalista e impedir o surgimento de novos opositores recalcitrantes na região.

Para exemplificar como esse esquema havia se tornado um senso comum, o *Times* publicou um artigo em 17 de agosto de 1840 (enquanto Charles Napier percorria a costa do Líbano de um lado a outro no *Gorgon*) explicando que um assentamento judeu na Palestina funcionaria como "uma muralha contra as novas invasões da tirania sem lei e da degeneração social" — em resumo, seria "empregado com vantagens em prol dos interesses da civilização no Oriente".[65] Em terra, os destacamentos avançados do sionismo eram formados por oficiais da burocracia imperial. Alguns deles haviam saído direto do campo de batalha. Um coronel chamado Churchill — Charles Henry, parente distante do mais famoso, Winston —, que comandou as forças britânicas que marcharam sobre Damasco no início de 1841, reuniu vários dignitários em um salão e fez um discurso:

> Sim, meus amigos! Houve uma vez um povo judeu! Famoso nas artes e renomado na guerra. Essas belas planícies e vales, que agora são habitadas pelos selvagens e errantes árabes, sobre as quais a desolação impôs seu selo de ferro, uma vez se deleitavam na exuberância das colheitas férteis e abundantes desse povo, e ressoavam com as canções das filhas de Sião. Que a hora da libertação de Israel esteja próxima![66]

Charles Henry Churchill tinha plena consciência de que não havia, como ele expressou, "uma forte ideia de retorno à Palestina entre os judeus europeus".[67] O desejo dos judeus de permanecer onde viviam o deixava frustrado. Igualmente frustrante para ele foi a decisão de Londres de manter o Império Otomano intacto, sob a tutela e custódia britânicas. Churchill desejava vê-lo desmembrado, e a colonização judaica da Palestina seria a ferramenta certa para isso. Em uma longa carta a Moses Montefiore, presidente da Junta de Representantes dos Judeus Britânicos, enviada de Damasco, onde estava instalado como cônsul, Churchill o exortou a convencer seus companheiros judeus a irem para a Palestina, e talvez também para a Síria:

> Você acabaria obtendo a soberania pelo menos da Palestina. [...] Tenho perfeita certeza de que esses países devem ser resgatados das garras de governantes ignorantes e fanáticos, que a marcha da civilização *deve* progredir, e seus vários elementos de prosperidade comercial *devem* ser desenvolvidos. É desnecessário observar que isso nunca será o caso sob o despotismo vacilante e decrépito dos turcos ou egípcios. A Síria e a Palestina, em uma palavra, devem ser colocadas sob proteção europeia e governadas no sentido do espírito da administração europeia e de acordo com ele. Esse deve, ao fim, ser o resultado.

Churchill imaginava uma entidade judaica na Palestina sob a proteção da Grã-Bretanha e seus aliados, armada para a "defesa contra incursões dos árabes beduínos".[68]

Outro homem que se apressou em ir à Palestina naquele momento auspicioso foi George Gawler. Tendo acabado de se mudar da Austrália do Sul, onde fora governador, ele escreveu um panfleto intitulado "The Tranquilization of Syria and the East: Practical Suggestions in Furtherance of the Establishment of Jewish Colonies in Palestine, the Most Sober and Sensible Remedy for the Miseries of Asiatic Turkey" [O apaziguamento da Síria e do Oriente: sugestões práticas para o estabelecimento de colônias judaicas na Palestina, a solução mais sóbria e sensata para as misérias da Turquia asiática]. Gawler viajou pela Palestina no início da década de 1840 e, de alguma forma, conseguiu considerá-la "um país fértil, do qual nove décimos jazem desolados". A terra estaria vazia, exceto por alguns "beduínos incultos e inquietos" encontrados aqui e ali em "cidades abandonadas e planícies cobertas de espinhos". A solução: "Reabastecer as cidades e campos abandonados da Palestina com o povo enérgico", os judeus, que a transformariam em um mercado florescente, sob a vigilância de uma "força naval frequentemente na costa" — isto é, os vapores britânicos.[69] Um amigo de Palmerston, E. L. Mitford, também imaginava a Palestina como "estéril e desolada". A colonização judaica traria "bênçãos para a Inglaterra e seria sentida nos miseráveis corações e lares dos pobres fabricantes de Manchester, Birmingham e Glasgow".[70] De particular importância, isso facilitaria o assentamento movido a combustível fóssil na região e além. Um Estado judeu independente, sob proteção britânica, "deixaria a administração de nossa comunicação a vapor totalmente em nossas mãos e nos colocaria em uma posição de comando no Levante, de onde poderíamos supervisionar o processo de incursão, intimidar inimigos declarados e, se necessário, repelir seu avanço".[71] Essa foi a fórmula criada pelos eventos de 1840.

Esse, então, foi o momento de concepção de dois princípios inter-relacionados: o de que não há um povo na Palestina, e o de que a terra deve ser tomada com a força da tecnologia movida a combustíveis fósseis. Quanto ao primeiro princípio, os sionistas contemporâneos debatem quem inventou inicialmente o slogan "uma terra sem povo para um povo sem terra", mas há consenso de que isso aconteceu por volta de 1840. Alguns apontam para um artigo que Shaftesbury escreveu no *Times* em 1839,[72] no qual ele usou a frase "Terra sem povo — povo sem terra",[73] sendo que "*Terra* sem povo" talvez soe um pouco mais assustador hoje. Outros concedem a honra a seu colega sionista cristão

Alexander Keith, que fez uma expedição à Palestina em 1839 e de alguma forma retornou com a impressão de que aquele era um "país sem povo" clamando pela chegada de "um povo sem país".[74] As cidades e vilas da Palestina estavam "desoladas, sem habitantes"; de Gaza a Al-Khalil, tudo o que Keith podia observar eram "locais desertos e aldeias arruinadas, nenhuma delas habitada".[75] Mas agora um milagre havia acontecido. "Como se, com as ordens do Senhor", Keith escreveu sobre Akka, "uma bomba penetrou um depósito de pólvora armazenado para defesa, e levou o arsenal pelos ares, para mostrar que havia chegado o momento de a última *fortaleza* da Palestina *cair,* e deitou-a pedra por pedra ao chão" — deitou-a pedra por pedra ao chão — "como se também não estivesse distante o tempo em que as mãos de estrangeiros encontrariam outro trabalho, e dariam outra forma às muralhas arruinadas. [...] Acre caiu nas mãos de uma tribo de Israel".[76]

Assim, a ideia de que nenhum povo vivia naquela terra se tornou um tema persistente nos comentários britânicos sobre a Palestina. Shaftesbury informou a Palmerston que a colonização judaica seria "o modo mais barato e seguro de suprir os desertos dessas regiões despovoadas".[77] O *Morning Post* publicou um artigo típico que afirmava que "a Síria e a Palestina estão despovoadas", que eram vazios nos quais os "filhos" do "deserto árabe" não haviam tido êxito em "se estabelecer e manter sua nacionalidade". No texto, o ano de 1840 foi calculado para coincidir com uma profecia bíblica de restauração judaica.[78] Essa fusão de escatologia e império estava muito em voga depois de Akka, a exemplo do talvez mais peculiar tratado a emergir desse momento, uma mixórdia de autoria desconhecida e 350 páginas de exegese, *realpolitik* e fetichismo do vapor chamada *The Kings of the East* [Os reis do Oriente]. Também se dizia ali que a Palestina tinha "poucos" habitantes, e a queda de Akka era saudada como uma intervenção divina por meio do motor a vapor, o pilar do poder britânico.[79] Como prova do valor metafísico de Akka, o autor cita um relato em primeira mão de como "a cidade é um completo monte de ruínas: não há uma casa no local, por menor que seja, que tenha escapado à fúria de nossos tiros. [...] Tudo testemunha amplamente a precisão impecável de nossas armas" — louvado seja o Senhor — "milhares de sua guarnição contados entre os moribundos e os mortos".[80] Portanto, a restauração era iminente. O autor alegava que "os judeus estão começando a retornar à Judeia".[81]

Dois versículos da Bíblia lançam uma luz especial sobre esse processo. Na abertura do capítulo 18 de Isaías, na versão da Bíblia do Rei Jaime (King James Bible), lemos: "Ai da terra sombreada pelas asas, a qual está além dos rios da Etiópia. Que envia embaixadores pelo mar, até em barcos de junco sobre as águas, dizendo: Ide, vós, rápidos mensageiros, a uma nação dispersa e [...] pisoteada". De que tipo de barco o profeta fala aqui? Claro, ele devia estar pensando nos vapores britânicos.[82] Eram eles que enviavam embaixadores pelo mar para abrir a Palestina para os judeus. A partir disso, o autor inferiu uma nova profecia: a Grã Bretanha "*emitirá uma proclamação,* garantindo sua proteção a todos os judeus que retornarem à Síria".[83]

A febre também cruzou o Atlântico e chegou aos Estados Unidos da América. Nas semanas que antecederam a queda de Akka, um periódico influente e relativamente progressista, *The Western Messenger,* sabia para onde o vento soprava. "Agora que os navios a vapor navegam na baía de Alexandria, e os barcos a vapor cortam as águas do Nilo, e se ouve o rugido dos trens a vapor correndo sobre trilhos, não é moralmente certo que o poder moslém [muçulmano] cessou?" Havia chegado o momento de "dar aos judeus a posse da Palestina".[84] Eles tomariam e defenderiam a terra com poder militar e enviariam todos os tipos de lucro direto de volta para o Ocidente. Mas o primeiro sionista estadunidense de relevância, que, ao contrário de quase todas as suas contrapartes britânicas, era judeu, foi Mordecai Manuel Noah.[85] Em 1844, ele proferiu seu *Discourse on the Restoration of the Jews* [Discurso sobre a restauração dos judeus]. Noah nunca visitou a Palestina, mas parece ter ouvido de viajantes britânicos que "a terra está agora desolada" — embora tenha relatado que "azeitonas e azeite são encontrados em todos os lugares", e trigo, milho, algodão e tabaco crescem nas planícies e colinas, e "uvas do maior tipo florescem em toda parte". Naquele momento, escreveu, "grandes e importantes revoluções" estavam em curso na região. Noah aderiu à visão de que a queda de Ali prenunciava "a organização de um governo poderoso na Judeia", e implorou aos Estados Unidos que a colocassem sob suas asas.[86]

Noah também leu Isaías 18. Ele aprofundou um pouco mais a exegese ao acessar o texto diretamente em hebraico e descobrir que o profeta chamou os navios de *gomey*. Essa palavra hebraica também podia significar "um ímpeto, uma força potente de propulsão" — evidência adicional de que o profeta se referia ao vapor. Mas, na leitura de Noah, o vapor seria estadunidense, não britânico. "A terra situada além dos rios da Etiópia é a América", e os navios, "nossos navios a vapor", com uma missão divina de assentar os judeus na Palestina.[87] "Chegaremos à conclusão de que a descoberta e a aplicação do vapor serão de grande auxílio na promoção desse experimento interessante." O vapor colocava os judeus estadunidenses a uma distância de "poucos dias de viagem até Jerusalém. Nosso comércio no Mediterrâneo e no Levante, até agora muito negligenciado, será reavivado, oferecendo facilidades para alcançar a Palestina diretamente a partir deste país".[88] Voltando à visão corrente de que nenhuma atividade econômica estava em prática até aquele momento, Noah antecipou que "os portos do Mediterrâneo voltarão a ser abertos ao movimento frenético do comércio; os campos voltarão a produzir a colheita abundante".[89] Ele ansiava um futuro em que

> todo o território que circunda Jerusalém, incluindo as vilas de Hebron, Safat, Tiro, além de Beirute, Yafa e outros portos do Mediterrâneo, será ocupado por judeus laboriosos. Os vales do Jordão serão preenchidos por agricultores do norte da Alemanha,

> da Polônia e da Rússia. Comerciantes ocuparão os portos marítimos, e as posições de comando dentro das muralhas de Jerusalém serão compradas pelos abastados e piedosos entre os nossos irmãos.[90]

Algumas profecias de fato se realizam.

O QUE PODEMOS EXTRAIR DE TUDO ISSO?

Aqui está o primeiro momento de articulação: o momento que iniciou a globalização da energia a vapor, por meio de seu uso na guerra, também foi o momento que concebeu o projeto sionista. Mas não houve uma sincronia perfeita. O sionismo ainda era apenas uma ideia. Nenhum assentamento judeu foi levado a cabo na Palestina na esteira de 1840; estritamente falando, todos os Palmerston, Shaftesbury, Churchill, Gawler, Noah e outros falharam. Nesse quesito, eles estavam meio século à frente de seu tempo. Quando o movimento sionista por fim foi articulado, porém, ele era um vagão que podia ser colocado em trilhos prontos, traçados pelo Império Britânico após 1840: as classes dominantes da metrópole já haviam construído a lógica de sua colônia satélite na Palestina, mesmo que apenas como uma imagem mental. O sionismo não tomou forma material em 1840, como aconteceu com o exercício da violência movida a vapor. Podemos concluir a partir disso que este último teve primazia causal na história. O sionismo existiu primeiro no nível da superestrutura, sobre a base do império fóssil.

Não digo isso com a pretensão de uma descoberta revolucionária. Os contornos amplos dessa história podem ser encontrados na historiografia existente, incluindo o mais recente estudo sobre o período, *Promised Lands: The British and the Ottoman Middle East* [Terras prometidas: os britânicos e o Oriente Médio otomano], de Jonathan Parry, que narra como os britânicos avançaram na região por meio do vapor. "A partir da década de 1830", escreve Parry, "a energia a vapor foi uma valiosa ajuda para intimidar os árabes a reconhecerem o poder britânico".[91] Além do Levante, dois outros territórios árabes em particular foram submetidos a esse poder: o Iêmen e o Iraque. Em 1839, a cidade iemenita de Áden foi ocupada e anexada como uma estação de suprimento de carvão para navios a vapor; no final da década de 1830, vários experimentos com comunicação a vapor foram lançados no Rio Eufrates, que cruza o Iraque. Em 1841, depois de submeterem o Egito, seu principal obstáculo, os britânicos estabeleceram uma supremacia naval indiscutível na região. "Se o vapor civilizaria os árabes, era uma questão para o longo prazo", acrescenta Parry, com falsa modéstia.[92] Parry é um adepto da tradição britânica cavalheiresca que escreve história bebericando seu chá das cinco, e assim se recusa a tirar conclusões ou seguir linhas; o autor também ignora cuidadosamente a economia política e reprime as montanhas de evidências que apontam como as dinâmicas de acumulação de capital impulsionaram a expansão britânica para o Oriente Médio — evidências das quais forneci aqui apenas uma ínfima amostra. Mas o leitor atento pode discernir o arco narrativo.

"Uma grande proporção das coisas que os britânicos já pensaram sobre o Oriente Médio já havia sido pensada antes de 1854", afirma Parry.[93] Podemos ser mais precisos e afirmar que uma grande proporção das coisas que os britânicos e os estadunidenses pensaram até hoje sobre a Palestina já havia sido pensada antes de 1844. E isso começou com uma superioridade tecnológica extrema e a incursão na região por meio de máquinas de ponta movidas a combustível fóssil. Esse tipo de subjugação continua vigente. O que aconteceu em 1840 não foi uma intrusão efêmera, como as campanhas de Napoleão. Os britânicos não largariam o Oriente Médio — pelo contrário, eles se fincaram cada vez mais fundo ali, até a última década do século XIX, quando, tendo ocupado o Egito, haviam ascendido tanto que conseguiram rebaixar o Império Otomano a ponto de dar início à colonização da Palestina. Tudo o que o Reino Unido fez foi compartilhar esse poder com os Estados Unidos e transmiti-lo a esse país. Mas, como atesta o bombardeio em curso do Iêmen, os britânicos ainda estão muito presentes na região.

Podem ser necessárias mais algumas palavras sobre a dialética da mente e da matéria. Há uma espiral estranha de realidade e fantasia em ação em 1840: os britânicos realmente reduziram a ruínas uma cidade palestina. Então, começaram a imaginar que a Palestina inteira era uma paisagem de ruínas — desolada, abandonada, despovoada; construções fantasiosas, no melhor dos casos, mas representações bastante adequadas de como Akka deve ter ficado depois de 3 de novembro. Nas voltas seguintes da espiral, o esvaziamento imaginado da terra se tornou um precursor do esvaziamento da coisa em si. "Terra sem povo" era a prescrição para uma Nakba. Sempre pioneiros, os britânicos empreenderam uma eliminação prefigurativa do povo palestino. Àquela altura, curiosamente, os judeus ainda tinham uma posição bastante simétrica à dos palestinos: eles existiam como personagens na trama, mas puramente no domínio da imaginação. Judeus reais não contavam. Judeus não clamavam por abandonar suas casas e ir para a Palestina — ao contrário, como até mesmo um estudioso sionista notou, "a comunidade judaica britânica se opunha a 'qualquer coisa que pudesse parecer questionar seu status como *inteiramente* inglesa'. Judeus ingleses só podiam se sentir envergonhados com a sugestão de que estavam esperando para voltar à Palestina".[94] Antes de o sionismo ser judaico, ele era imperial.

Mas judeus reais, claro, seriam com o tempo recrutados para o projeto sionista, e palestinos reais teriam apagada sua existência física em sua terra. Ambientado no contexto dessa *longue durée*, o genocídio em Gaza não parece tão acidental. Em seu relatório à ONU, Albanese é corajosa o bastante para se basear na escola de estudos do colonialismo de ocupação para explicá-lo: "As ações de Israel foram impulsionadas por uma lógica genocida intrínseca ao seu projeto colonial de ocupação da Palestina, sinalizando uma tragédia anunciada". O extermínio genocida é o clímax do colonialismo de ocupação, e na Palestina, desde 1948, "deslocar e apagar a presença árabe indígena tem sido uma parte inevitável da formação de Israel como um 'Estado judeu'".[95] Ela está certa, é claro. Mas o colonialismo de ocupação na Palestina nunca se sustentou sozinho — e nunca poderia ter se sustentado. E a tragédia foi anunciada antes por Yosef Weitz,[96] entre outros. Os palestinos foram figurativamente expurgados da Palestina 183 anos antes do atual genocídio; com algumas interrupções, solavancos e recomeços, a materialização e a escalada desse ato estão em curso desde então. Considere as palavras de Isaac Herzog, presidente da ocupação, invocadas por Albanese como um exemplo da intenção genocida: ele afirmou em outubro e novembro que sua entidade luta em nome de "todos os Estados civilizados [...] e povos", contra "uma barbárie que não tem lugar no mundo moderno" — ela "arrancará o mal e será boa para toda a região e o mundo".[97] Essas palavras poderiam ter sido colocadas na boca dele pelos anglo-sionistas de 1840.

Podemos parafrasear o lema da escola de estudos do colonialismo de ocupação e dizer que o apoio imperial à entidade sionista é uma estrutura, não um acontecimento. A estrutura foi forjada pelo poder excepcional conferido àqueles que estavam armados com combustíveis fósseis — e tem continuado a funcionar dessa maneira, como agora argumentarei brevemente. Mas, antes disso, vou pontuar uma última coisa sobre 1840: a descrição que fiz aqui é esquemática e parcial. O mais problemático é que ela se baseia exclusivamente em fontes escritas em inglês. Eu não leio árabe, então não posso dizer se existe uma historiografia árabe sobre 1840. Parry também não lê árabe, mas ele nos diz: "Existem muitos arquivos em língua não inglesa que parecem ainda não terem sido totalmente utilizados".[98] Quaisquer que sejam as fontes árabes de e sobre 1840, e o que quer que elas digam sobre esse encontro original com o poder do vapor e as noções de sionismo, elas ainda não deixaram rastro na literatura anglófona. Uma pesquisa aprofundada sobre esse momento deveria começar com um pouco de investigação fora da metrópole.

A SEGUIR, SEREI EXTREMAMENTE ABRANGENTE E SINTÉTICO.

Quando as primeiras colônias sionistas foram construídas, era possível encontrar relatos entusiasmados na imprensa ocidental: "Os judeus que agora vão para a Palestina levam consigo o espírito progressista do século, e em breve quem viajar por aquele país poderá ouvir o apito do vapor e o barulho das máquinas, e ver ao seu redor a agitação dos negócios em vez da apatia e da letargia tradicionais do Oriente", rejubilava-se o *National Repository* em 1877.[99] Quando o Império Britânico ocupou a Palestina e começou a implementar a Declaração Balfour, em 1920, o combustível fóssil da época não era o carvão; era o petróleo. Reservas promissoras haviam sido localizadas nos países que margeiam o Golfo Pérsico, e o projeto industrial central do Mandato Britânico[100] passou a ser o oleoduto que transportava petróleo bruto do Iraque, atravessando o norte da Cisjordânia e da Galileia, até a refinaria de Haifa. O próprio Mandato não pode ser compreendido fora do contexto do controle cada vez mais intenso sobre a região na busca por petróleo; e o Mandato usou o petróleo para realocar terras de palestinos para judeus. Em seu livro prestes a ser publicado, *Heat: A History* [Calor: uma história], uma narrativa maravilhosamente rica das altas temperaturas e dos combustíveis fósseis no Oriente Médio, On Barak mostra, entre muitas outras coisas, como o Yishuv[101] tirou a produção de citros dos palestinos ao se aliar aos circuitos mais modernos da tecnologia: irrigando seus pomares com bombas movidas a combustíveis fósseis, carregando suas frutas em caminhões, enviando-as por estradas para os portos, embarcando-as em navios a vapor para o mercado europeu — uma simbiose com o império dos combustíveis fósseis por meio da qual os nativos podiam ser excluídos de sua famosa citricultura. As autoridades do Mandato Britânico privilegiaram sistematicamente a construção de estradas entre as colônias. A infraestrutura baseada em petróleo empurrou a Palestina na direção dos assentamentos nas planícies costeiras e ainda mais em direção aos seus patronos do outro lado do oceano.

Quando as forças sionistas começaram a aterrorizar os palestinos de Haifa para expulsá-los da cidade, conta Ilan Pappé, "rios de óleo e combustível em chamas [foram] derramados encostas abaixo".[102] Quando os mais altos escalões do império estadunidense discutiram se deveriam se aliar aos sionistas durante a Nakba, tinham em mente sobretudo interesses petrolíferos. Alguns argumentaram que esses interesses seriam mais bem atendidos por meio de uma aliança com os árabes. Mas, como Irene L. Gendzier demonstrou em *Dying to Forget: Oil, Power, Palestine and the Foundations of U.S. Policy in the Middle East* [Morrer para esquecer: petróleo, poder, Palestina e os fundamentos da política estadunidense no Oriente Médio], Washington foi influenciada pelo argumento de que uma vitória palestina aumentaria a "autoconfiança, exigências e poder de barganha árabes", enquanto o estabelecimento do Estado de Israel "teria um efeito calmante sobre os árabes e os faria recuperar um senso correto de proporção". Além disso, "o Yishuv é um fator de progressismo ocidental, que será um grande estímulo para qualquer progresso social no Oriente Médio, e abrirá novos mercados comerciais".[103] As petrolíferas estadunidenses parecem ter convergido para a visão de que ter Israel como aliado na região reforçaria de modo indireto o controle sobre os depósitos. E isso foi de fato o que aconteceu durante os anos 1950 e 1960, a era dourada das Sete Irmãs[104] e do petróleo do Golfo. Quando os Estados Unidos assumiram o papel de principal apoiador de Israel após 1967, a preocupação primordial foi a defesa desse status quo: em *The Global Offensive: The United States, the Palestine Liberation Organization, and the Making of the Post-Cold War Order* [Ofensiva global: os Estados Unidos, a Organização para a Libertação da Palestina e a configuração da ordem pós-Guerra Fria], Paul Thomas Chamberlin descreve que os Estados Unidos viam a libertação palestina como uma ameaça à dominação ocidental do Oriente Médio como um todo, com todas as suas inestimáveis reservas de petróleo. Por outro lado, "Israel estava rapidamente provando seu valor como um ativo estratégico crucial no Oriente Médio e um policial regional modelo no Terceiro Mundo".[105] A prova dessa lógica veio do evento conhecido como Setembro Negro, uma das eternas recorrências, retratado em uma carta de Yasser Arafat de 22 de setembro de 1970: "Amã está queimando pelo sexto dia. [...] Os corpos de milhares de nosso povo estão apodrecendo sob os escombros".[106]

Tudo isso, já deve estar claro a esta altura, seguiu o roteiro estabelecido pela primeira vez em 1840. Se o Plano Dalet foi um roteiro de colonialismo de ocupação para a destruição da Palestina a partir de 1948, ele foi precedido — e teve suas condições de existência criadas — pela visão imperialista de uma entidade imposta sobre a terra da Palestina para a proteção dos interesses daquele núcleo: acesso a matérias-primas e mercados, prevenção de projetos subversivos, zonas-tampão e contrapesos contra rivais mais distantes. Em 1840, era o algodão, Muhammad Ali e a Rússia tsarista. Passados 127 anos, quando a ocupação foi concluída, era o petróleo, a libertação do Terceiro Mundo e a União Soviética. Estamos lidando aqui com uma estrutura extremamente profunda, não com um ou dois eventos; uma progressão e uma escalada ao longo de dois séculos, a piora e a intensificação de padrões desenvolvidos pela primeira vez no início do século XIX — também, não por acaso, a forma temporal do próprio aquecimento global. Apontei muito rápida e superficialmente outros três momentos de articulação. A partir de 1917, a ocupação britânica da Palestina fez parte da transformação do Oriente Médio em uma base para o capital fóssil, em virtude de seus recursos petrolíferos. A partir de 1947, o apoio ocidental ao novo Estado sionista foi informado pela consumação dessa ordem; e, a partir de 1967, pela sua defesa. Os passos no caminho para a destruição da Palestina foram simultaneamente passos no caminho para a destruição do planeta.

SE AVANÇARMOS AGORA PARA A SITUAÇÃO CORRENTE, DEVEMOS PRIMEIRO CONSIDERAR O PAPEL DO ESTADO DE ISRAEL

na frenética busca atual por combustíveis fósseis. Em *Overshoot*, Wim e eu mostramos em detalhes como a década de 2020 viu até agora uma expansão acelerada da produção de combustíveis fósseis, justamente quando esta deveria ser contida e transformada em seu oposto — um desmonte sustentado — para que o mundo evite um aquecimento de mais de 1,5 °C ou 2 °C.[107] Essa expansão não para, segue continuando e não para e então continua e prossegue acelerada: como o *Guardian*[108] relatou outro dia, corporações e Estados estão avançando com novos projetos de petróleo e gás em volumes cada vez maiores. O país que lidera a expansão, claro, é os Estados Unidos; em segundo lugar na lista está a Guiana, mas isso só acontece porque a ExxonMobil encontrou seu tesouro mais recente nas águas do país. E, pela primeira vez, a entidade sionista está agora diretamente envolvida. Uma das muitas fronteiras da extração de petróleo e gás é a bacia do Levante, ao longo da costa que vai de Beirute até Gaza, via Akka. Dois dos principais campos de gás descobertos aqui, chamados Karish e Leviathan, estão em águas reivindicadas pelo Líbano. O que o Ocidente pensa dessa disputa?

Em 2015, a Alemanha vendeu quatro navios de guerra para que Israel pudesse defender melhor suas plataformas de gás contra eventualidades.[109] Sete anos depois, em 2022, enquanto a guerra na Ucrânia causava uma crise no mercado de gás, o Estado de Israel foi pela primeira vez elevado a uma posição de destaque como exportador de combustíveis fósseis,[110] fornecendo gás e petróleo bruto do Leviathan e do Karish,[111] que entraram em operação em outubro de 2022,[112] para a Alemanha e outros países da União Europeia. O ano de 2022 selou o status elevado de Israel nesse departamento.

Um ano depois, a Tufan Al-Aqsa jogou um balde de água fria nessa expansão, representando uma ameaça direta para a plataforma de gás Tamar, que pode ser vista do norte de Gaza em um dia claro; localizada ao alcance de foguetes, a plataforma foi desativada.[113] Um dos principais envolvidos no campo de Tamar é a Chevron. Em 9 de outubro de 2023, o *New York Times* noticiou:

> Os intensos combates poderiam reduzir o ritmo dos investimentos energéticos na região, enquanto têm ganhado impulso as chances do leste do Mediterrâneo se tornar um centro energético. Israel costumava ser um dos poucos países do Oriente Médio onde não se haviam encontrado recursos petrolíferos significativos. Agora, o gás natural se tornou um pilar de sua economia.[114]

Mas a resistência palestina pode mudar essa equação. Cinco semanas depois de 7 de outubro de 2023, no entanto, quando a maior parte do norte de Gaza já havia sido confortavelmente transformada em ruínas, a Chevron retomou as operações no campo de gás de Tamar.[115] Em fevereiro, anunciou outra rodada de investimentos para aumentar ainda mais a produção nessa estrutura.[116] No final de outubro, no dia seguinte ao início da invasão terrestre de Gaza, o Estado de Israel concedeu doze licenças para a exploração de *novos* campos de gás[117] — e uma das empresas que as obteve foi a British Petroleum (BP), a mesma que primeiro encontrou petróleo no Oriente Médio e que construiu o oleoduto Kirkuk-Haifa.

As imbricações agora vão nos dois sentidos. O capital israelense se tornou, nos últimos anos, um dos principais agentes na expansão da produção de petróleo e gás no Mar do Norte. Uma das empresas sediadas em Tel Aviv e que lidera a extração ao largo de Akka, bem como das Ilhas Shetland, é a Ithaca Energy: ela agora possui uma das bombas de carbono[118] mais destrutivas plantadas no setor britânico do Mar do Norte,[119] o campo de Cambo,[120] e um quinto de outro, o campo de Rosebank,[121] e está procurando avidamente por mais.[122] Quando a Ithaca entrou na Bolsa de Londres em 2022, foi a maior oferta pública inicial de ações daquele ano.[123] A BP está procurando gás nas águas da Palestina; a Ithaca o está prospectando nas águas da Grã-Bretanha: a harmonia nunca foi maior. O genocídio em Gaza se desenrola no momento em que o Estado de Israel está mais do que nunca profundamente integrado à acumulação primitiva de capital fóssil. Os palestinos, por outro lado, não têm participação nesse processo: não têm plataformas, nem oleodutos, nem empresas listadas na Bolsa de Londres. Mas os Emirados Árabes Unidos, o Egito e a Arábia Saudita participam, claro. Esta é a economia política dos Acordos de Abraão[124] e seus prováveis desdobramentos: uma unificação do capital israelense e do Golfo Pérsico no processo de ganhar dinheiro produzindo petróleo e gás. Esta é a ecologia política da "normalização": uma sacralização do *business as usual* que destrói primeiro a Palestina e então o planeta.

A DESTRUIÇÃO DE GAZA É EXECUTADA POR TANQUES E AVIÕES DE COMBATE

que despejam na terra seus projéteis: os Merkavas e os F-16 que lançam seu fogo do inferno sobre os palestinos, os foguetes e as bombas que transformam tudo em ruínas — mas apenas depois que a força explosiva da queima de combustíveis fósseis os coloca na trajetória adequada. Todos esses veículos militares são movidos a petróleo, assim como os voos de suprimento que vêm dos Estados Unidos, os Boeings que transportam os mísseis pela ponte aérea permanente. Uma análise inicial, provisória e conservadora[125] apontou que as emissões causadas durante os primeiros sessenta dias da guerra equivaliam às emissões anuais de 20 a 33 países com baixa emissão: um pico repentino, uma coluna de gás carbônico se erguendo sobre os destroços de Gaza.[126] Se eu repito esse ponto aqui é porque o ciclo se repete, apenas galgando em escala e tamanho: as forças ocidentais pulverizam residências palestinas mobilizando a ilimitada capacidade de destruição que apenas os combustíveis fósseis podem proporcionar.

É fácil esquecer em que medida a violência militar foi e ainda é central para o *business as usual*. Mais de 5% das emissões anuais de gás carbônico em todo o mundo se originam de atividade militar. Costumamos falar sobre voar e como isso é ruim para o clima — e, sim, é ruim —, mas a aviação civil responde por cerca de 3% do total. E os 5% que vêm dos militares precedem a guerra de fato: essa porcentagem se refere a emissões em tempos de paz, feitas no processo de manter os aparatos logísticos e a capacidade de combate dos exércitos antes de se lançarem ao conflito. Quando eles efetivamente vão para a guerra, combustível é queimado e as bombas chovem em rajadas de emissões adicionais concentradas. Os Estados Unidos, claro, estão no centro disso tudo. As emissões do exército de ocupação israelense durante a guerra em Gaza podem ser contabilizadas como apenas mais uma categoria de emissões estadunidenses. Os Estados Unidos superam todos os outros países; como observa Neta C. Crawford, "o exército estadunidense é o maior usuário institucional de combustíveis fósseis do mundo e, portanto, o maior emissor de gases de efeito estufa do mundo".[127] No livro *The Pentagon, Climate Change, and War* [O Pentágono, mudança climática e guerra], Crawford traça de modo brilhante o desenvolvimento do que chama de "ciclo profundo". Primeiro os militares do Reino Unido e depois os dos Estados Unidos descobriram que o carvão, seguido pelo petróleo, era indispensável para a guerra: para fabricar armas, transportar soldados ao campo de batalha, possibilitar mobilidade durante os enfrentamentos, criar poder de fogo para usar contra o inimigo. Ao basear suas operações em combustíveis fósseis, o exército estadunidense contribuiu para a disseminação dos hidrocarbonetos por toda a economia; e quando o exército e a economia se tornaram totalmente dependentes da mesma fonte de energia, a proteção dessa commodity essencial se tornou ela própria um imperativo de guerra. Nenhuma parte do mundo foi tão profundamente estruturada e marcada por esse ciclo quanto o Oriente Médio. Embora a Palestina esteja no centro, a devastação claramente também se estende a outros países: é só pensar no Iraque e no Iêmen.

REVISITEMOS ENTÃO A QUESTÃO DA NATUREZA DA ALIANÇA E RECONSIDEREMOS BREVEMENTE A TEORIA DO LOBBY,

que diz, em resumo, o seguinte: o lobby sionista nos Estados Unidos acumulou tanto poder financeiro, eleitoral e midiático que passou a controlar a política estadunidense com mãos de ferro. Por meio de suas maquinações e manipulações, compeliu os Estados Unidos a apoiar Israel, embora isso não seja do interesse real, racional e material do país. Os Estados Unidos apoiam Israel por razões de política interna, que distorcem as preferências e a posição de Washington na arena internacional. A teoria é, claro, baseada no trabalho de John Mearsheimer, uma figura do exército estadunidense considerada "realista", sem afinidade ideológica com a esquerda. A recepção ávida de seu trabalho por setores da esquerda me parece bastante surpreendente. Os limites deste texto não permitem uma crítica abrangente nem de Mearsheimer nem de quem o ecoa na esquerda: vou apontar aqui apenas alguns dos problemas, em uma interpretação representativa da teoria.

Married to Another Man: Israel's Dilemma in Palestine [Casada com outro homem: o dilema de Israel na Palestina], de Ghada Karmi, é uma versão média e bastante lida da defesa da Palestina no início do século XXI. Karmi observa corretamente que, para os palestinos, entender a natureza da aliança entre os Estados Unidos e Israel não é "um jogo intelectual, mas uma questão de vida ou morte".[128] E oferece duas explicações alternativas: "A política dos Estados Unidos era tão controlada por Israel e seus apoiadores que eram eles que primariamente a ditavam, ou Israel era apenas o braço imperialista dos Estados Unidos (e do Ocidente) no Oriente Médio?". Karmi se posiciona firmemente a favor da primeira[129] com um discurso obscuro sobre judeus na mídia e em Hollywood, concluindo que o país é vítima da "penetração de um Estado estrangeiro". Uma típica falácia é assim construída: "Se tivesse prevalecido na situação um senso comum racional e pragmático, e os fatos pudessem ser examinados, chegando-se a conclusões lógicas, então o interesse nacional estadunidense prevaleceria em última instância sobre as forças que atuam em prol de Israel".[130]

Se apenas o Estado nos Estados Unidos fosse livre para escolher a política que melhor serve aos seus interesses, o país se livraria de Israel. Mas o lobby sionista nega ao Estado tal liberdade. Essa explicação distorcida se aplica não apenas à Palestina, mas ao conjunto da região: tudo o que os Estados Unidos fazem no Oriente Médio seria ditado por Israel, contra seus verdadeiros interesses. "A real motivação para a invasão do Iraque", ficamos sabendo, foi "o desejo de proteger o Estado judeu" imposto aos Estados Unidos; não havia armas de destruição em massa, não havia Al-Qaeda, não havia terrorismo no Iraque, portanto "deve ter sido a segurança de Israel o motivo para atacar o Iraque, na ausência de qualquer outra razão". Isso é um duplo *non sequitur*. A razão real ter sido a segurança de Israel não decorre da ausência dessas *casus belli* oficiais; mas o fato de que a segurança de Israel não foi ameaçada por Saddam Hussein decorre sim dessa ausência. Karmi quer nos fazer acreditar que Israel estava atrás do petróleo iraquiano e enviou empresários, conselheiros e agentes de inteligência para o país, enquanto os Estados Unidos não tinham nenhum desses impulsos agressivos, sendo passivamente arrastados para a guerra pelo lobby sionista. Pede-se que acreditemos, em outras palavras, que o império mais poderoso da história não tem interesses e não empreende agressões próprias no Oriente Médio. É a mesma coisa com a Síria e o Irã, diz Karmi: o que os Estados Unidos fazem com esses países, fazem servilmente em nome de Israel.

Apesar de Karmi mencionar Shaftesbury e Palmerston de passagem, mas sem nenhum relato histórico sério, ela pretende que sua explicação seja cronologicamente precisa: "Foi a chegada de Israel e dos poderosos lobbies que trabalham em seu nome que forçaram os sucessivos governos dos Estados Unidos a encontrar um caminho para os interesses israelenses em suas políticas externas".[131] Então primeiro veio Israel e o lobby sionista, e depois obrigaram o império a obedecê-los. Acredito que podemos concluir com segurança que mesmo as evidências limitadas apresentadas aqui devem ser suficientes para refutar essa teoria. Os fatos históricos apontam para a validade da explicação oposta. Acredito que [o líder do Hezbollah] Sayyed Hassan Nasrallah, independentemente do que tenha ou não tenha feito pela Palestina nos últimos seis meses, acerta quando diz:

> Existe um equívoco prevalente no mundo árabe sobre as relações entre Israel e os Estados Unidos. Continuamos a ouvir essa mentira sobre o lobby sionista — que os judeus governam os Estados Unidos e são os que de fato tomam decisões, e assim por diante. Não. Os Estados Unidos em si são quem decide. Nos Estados Unidos, você tem as grandes corporações. Você tem a trindade das companhias de petróleo, da indústria de armas e do chamado "sionismo cristão". A tomada de decisões está nas mãos dessa aliança. Israel costumava ser uma ferramenta nas mãos dos britânicos, e agora é uma ferramenta nas mãos dos Estados Unidos.[132]

Isso, claro, é a posição clássica adotada pela esquerda árabe e pelas análises mais perspicazes da resistência palestina. Em *Strategy for the Liberation of Palestine* [Estratégia para a libertação da

Palestina], documento de fundação da Frente Popular para a Libertação da Palestina (FPLP), de 1969, o inimigo é definido como uma unidade dialética de imperialismo global e colonialismo de ocupação local: vitórias deste último são "questões fundamentais para os interesses" do primeiro. A entidade sionista é uma "base [imperialista] em nossa terra e está sendo usada para deter a maré da revolução, para garantir nossa subjugação contínua e para manter o processo de pilhagem e exploração"; o sionismo é "um movimento racial agressivo conectado ao imperialismo, que explorou os sofrimentos dos judeus como um trampolim para a promoção de seus interesses [...] nesta parte do mundo que possui ricos recursos e fornece uma cabeça de ponte para os países da África e da Ásia".[133] Essa é a antítese da teoria do lobby, e também pode ser encontrada nos melhores escritos da Jihad Islâmica, como seu documento político de 2018, no qual lemos que "o projeto sionista é um projeto de invasão colonial de ocupação [...] baseado no vínculo orgânico com as forças do colonialismo ocidental, que atuaram para se livrar dos judeus e para resolver a 'questão judaica' na Europa plantando uma entidade para os judeus na Palestina". A persistência dessa entidade "está essencialmente relacionada ao papel atribuído a ela. É uma ferramenta" — com todo o respeito a Karmi, uma ferramenta — "para o projeto de dominação colonial" e "obtém toda a sua força material e moral da força e das capacidades do Ocidente, em especial dos Estados Unidos".[134] Fathi Al-Shaqaqi baseou os contornos dessa análise em ninguém menos que Izz Al-Din Al-Qassam, que, no início dos anos 1930, se opôs aos líderes palestinos que "consideravam necessário argumentar com a Grã-Bretanha para fazê-la ficar ao nosso lado contra os judeus, esquecendo e ignorando que o sionismo não é nada mais do que outra face imperialista da Grã-Bretanha".[135]

Ao contrário da teoria distorcida do lobby, a teoria instrumentalista do império e da entidade é confirmada por evidências do passado longínquo, bem como do passado recente e do presente: Joe Biden poderia ter saído das páginas de um documento da Jabha [termo usado para se referir à Frente Democrática para a Libertação da Palestina (FDLP)] ou da Jihad Islâmica. Em 1986, esse futuro presidente disse ao Congresso: "Não se deve pedir desculpas por causa de Israel. Nenhuma! Israel é o melhor investimento de três bilhões de dólares que fazemos. Se não houvesse Israel, os Estados Unidos teriam que *inventar* uma Israel para proteger nossos interesses na região. Os Estados Unidos teriam que sair e *inventar* uma Israel".[136] Não poderia ser mais claro do que isso, nem mais alinhado com os registros históricos dessa invenção. Em 2007, Biden reafirmou que "Israel é a maior força que os Estados Unidos têm no Oriente Médio [...]. Imagine nossa situação no mundo se não houvesse Israel";[137] e então, em 2010, ele repetiu que "simplesmente não há distância entre os Estados Unidos e Israel";[138] mas sua frase mais repetida é aquela sobre ter que inventar Israel se o país não existisse[139] — mais recentemente ele voltou a dizer isso, em julho de 2023, em uma reunião com o presidente da ocupação, Isaac Herzog, na Casa Branca.[140] Isso foi três meses antes de o genocídio começar.

Acredito que a esquerda deveria romper de vez com a teoria do lobby. Isso não quer dizer que temos uma compreensão completa da relação entre império e entidade sionista — ao contrário, acho que o notável aqui é *não* termos, por exemplo, um único bom livro em inglês a respeito de como essa estrutura funciona no presente. Para onde está indo o imperialismo estadunidense? O que ele está fazendo no Oriente Médio? Como o Estado de Israel se encaixa? Não acredito que temos algo como um conjunto abrangente, atualizado, empírica e teoricamente fundamentado de respostas a essas perguntas, porque o trabalho árduo de pesquisa e reflexão nesse sentido ainda está por ser feito. Existe um déficit debilitante de análises *atualizadas* sobre o imperialismo estadunidense e ocidental, talvez porque a esquerda tenha considerado que esta é uma empreitada ligeiramente constrangedora, muito reminiscente do leninismo ortodoxo e do campismo e de outras fontes de vergonha. Eu pessoalmente não tenho qualificação para preencher essa lacuna, mas quero apenas lançar a hipótese de que o valor das ações de Israel como investimento aumenta proporcionalmente conforme Rússia e China desafiam o imperialismo ocidental. Quando a rivalidade interimperialista torna a se intensificar, seja nos anos 2020, seja nas décadas de 1830 ou 1910, a entidade sionista se torna um ativo inestimável. Desde os primeiros momentos da Tufan Al-Aqsa, ficou claro que a continuidade das arrasadoras vitórias palestinas desse dia teria impulsionado o eixo que se estende da resistência em Gaza à do Líbano, do Iêmen e do Iraque, e mais além, até o Irã, e ainda mais, à Rússia e à China — uma contra-aliança que agora tem uma existência objetiva nos teatros de guerra, embora, deve-se notar, seja muito mais frouxa, menos coordenada, menos dedicada e, é claro, menos poderosa do que a aliança ocidental.

Por fim, quero apontar mais um erro da teoria do lobby, talvez o mais condenatório. Ela apresenta uma situação em que o império estadunidense não seria livre para se engajar em deliberações racionais e se preocupar apenas com seus próprios interesses. Se esse fosse o caso, Washington abandonaria Israel; afinal, como poderia apoiar algo tão destrutivo quanto a colonização interminável da Palestina, que gera uma destruição tão extensa e tão inesgotável naquela terra, na região e além, por toda parte? Sem dúvida, os Estados Unidos jamais fariam essa escolha por vontade própria, certo? Há mais de um erro aqui, na verdade, pois isso concerne à natureza do império, do capital, do interesse e da racionalidade, mas apontarei apenas um aspecto. Considerando que os Estados Unidos têm consistentemente liderado a expansão da produção e do consumo de combustíveis fósseis ao redor do mundo desde que tomaram a liderança do Reino Unido, e que lideram a ampliação dessa expansão no exato momento em que sua destrutividade é clara e aumenta a cada dia, não parece um grande mistério que o país também avance na destruição de uma pequena porção de terra entre o rio e o mar. E, acredito, ninguém defenderia seriamente que o uso de combustíveis fósseis em escala mundial se deve apenas ao poderoso lobby dos combustíveis fósseis nos Estados Unidos. E ele é poderoso, certamente. Mas os lobbies são fenômenos superficiais. Por mais poderosos que sejam, os lobbies sionista e dos combustíveis fósseis são excrecências epifenomenais de estruturas profundas que possuem uma operação de longa duração. Na última página de *A limpeza étnica da Palestina*, Pappé escreve, profeticamente:

> os palestinos nunca poderão fazer parte do Estado e do espaço sionistas e continuarão a lutar — e espero que sua luta seja pacífica e bem-sucedida. Se não, será desesperada e vingativa e, como um redemoinho, tragará tudo em uma enorme tempestade de areia perpétua que irá rugir não apenas pelo mundo árabe e muçulmano, mas também dentro da Grã-Bretanha e dos Estados Unidos, os poderes que, cada um a seu turno, alimentam a tempestade que ameaça arruinar a todos nós.[141]

Agora podemos reconhecer que isso é mais do que uma sobreposição metafórica incidental, porque a degradação climática é precisamente uma tempestade que ameaça arruinar a todos nós, e a única coisa que as grandes potências fizeram até hoje foi alimentá-la.

ANTES DE CONCLUIR, QUERO APENAS PROPOR MAIS ALGUNS MOMENTOS DE ARTICULAÇÃO NO PRESENTE, DE FORMA SINTÉTICA.

A destruição da Palestina e a destruição do planeta se dão a olhos vistos. Há farta documentação a respeito de ambas. O conhecimento sobre os dois processos e como eles se desenrolam em tempo real é superabundante: sabemos tudo o que precisamos saber sobre essas catástrofes e, no entanto, o núcleo capitalista continua a despachar combustível para os motores e mísseis que destroem Gaza.

Destruição e construção são opostos que se interpenetram e que pressupõem um ao outro: a destruição do planeta é a construção da infraestrutura de combustíveis fósseis; a destruição da Palestina é a construção de colônias raciais — ou, como Theodor Herzl[142] disse em 1896: "Se eu quiser substituir um prédio antigo por um novo, devo demolir antes de construir".[143] Limitar, deter, reverter a destruição da Palestina e do planeta, portanto, exige, como condição logicamente indiscutível, destruir a infraestrutura de combustíveis fósseis e das colônias raciais — não necessariamente sua destruição física, mas necessariamente sua desativação e adaptação para outros usos, onde isso for possível; onde não for, para que sejam abolidas, sim, destruí-las fisicamente.

É absolutamente evidente que o investimento em infraestrutura de combustíveis fósseis deve acabar e, na realidade, deveria ter acabado há muito tempo. Ainda assim, vemos sendo planejados e construídos mais oleodutos, mais plataformas e terminais, e quanto mais deles existem, mais difícil fica reduzir as emissões; quanto mais capital fixo estiver debaixo da terra, maior o imperativo de manter e defender essa infraestrutura contra qualquer transição que se afaste dos combustíveis fósseis. É absolutamente evidente que o investimento em colônias raciais também deve acabar e, na realidade, deveria ter acabado há muito tempo. Ainda assim, vemos sendo planejados e construídos cada vez mais assentamentos na Cisjordânia e em Jerusalém, e talvez, em breve, mais uma vez em Gaza. E quanto mais terras palestinas são confiscadas, e mais unidades habitacionais são erguidas e reservadas apenas para judeus, mais difícil fica imaginar um recuo para a Linha Verde,[144] mais inamovível fica a ocupação, maior é o interesse em defendê-la contra qualquer plano de um Estado palestino viável.

Essa analogia no nível da base material — criar cada vez mais fatos em campo que prolonguem e intensifiquem o *business as usual* — é refletida no nível da superestrutura. Continuamos a ouvir governos ocidentais falando sobre 1,5 °C ou 2 °C e sobre uma solução de dois Estados, enquanto processos de fato existentes de investimento atuam de forma incessante para tornar ambos os objetivos fisicamente impossíveis. Falar de 2 °C ou de dois Estados assume aqui um caráter de acobertamento ideológico. O paralelismo é bastante surpreendente quando se contrastam as reuniões anuais da COP [Conferência das Partes da Convenção-Quadro das Nações Unidas sobre Mudança do Clima] com as cúpulas do que antes era conhecido como "processo de paz" entre Israel e Palestina. Ambas começaram no mesmo momento, no início dos anos 1990, e ambas tinham a função de sustentar a ilusão de que a chamada "comunidade internacional" estava trabalhando para mitigar as mudanças climáticas e para conferir aos palestinos seu próprio Estado. Ambas operavam com os mesmos rituais e fórmulas diplomáticas vazias. Ambas acobertavam o investimento contínuo na destruição. Mas hoje, claro, apenas uma delas permanece (a COP, cada vez mais desprovida de significado e substância); já não há mais apertos de mão em frente à Casa Branca.[145] O "processo de paz" terminou em 2005, quando o Estado de Israel transformou sua ocupação de Gaza em uma operação de campo de concentração. Tudo o que restou então foi a Nakba nua e crua e interminável. Aqui, também, a catástrofe da Palestina parece deixar entrever a do clima.

O GENOCÍDIO EM GAZA OFERECE UMA ÚTIL LIÇÃO DE INDIFERENÇA.

Na catástrofe climática, as vidas de multidões não brancas do Sul global não contam. São descartáveis, sem valor. Vimos isso no desastre que atingiu Derna, na Líbia: os mais de onze mil mortos em uma única noite deixaram apenas um mínimo resquício na mídia do Ocidente e nenhum na política. Imagine se fossem onze mil brancos estadunidenses, britânicos ou suecos mortos em uma noite, imagine se fossem onze mil pessoas que realmente contam — imagine a comoção! Mas ali eram apenas os condenados da terra, morrendo como sempre, no Mediterrâneo e em outros cemitérios do mundo, suas mortes encaradas como parte da ordem natural das coisas, sem qualquer atenção para o fato de que o excesso de carbono na atmosfera que os matou foi mandado para lá pelos ricos do Norte global. E se houve alguma discussão sobre culpa e culpabilidade na mídia ocidental, os próprios líbios foram responsabilizados: se não tivessem construído barragens tão fracas naquele rio, Derna teria resistido à pressão.

Na terra da Palestina, as vidas dos palestinos não contam. Eles são completamente descartáveis. Não têm valor nenhum, absolutamente nenhum. Esta é a lição que aprendemos, mais uma vez, nos últimos seis meses — uma lição que jamais havia sido demonstrada com tamanha crueldade, com tanta sede de sangue exterminadora. Imagine se tivessem sido quarenta mil estadunidenses ou suecos ou, mais obviamente, judeus israelenses mortos dessa maneira. Mas, não, acho que isso não é algo que se possa imaginar — isso desafia a imaginação política, vai além de qualquer coisa que poderia acontecer dentro do mundo como o conhecemos. E, assim, a morte dos palestinos também é culpa deles próprios, o que foi ressaltado com particular insistência quando o genocídio deslanchou: a matança em massa aconteceu porque os palestinos lançam seus próprios foguetes para atingir os próprios hospitais; porque usam civis como escudos humanos; porque colocam suas armas junto ou debaixo de escolas e prédios residenciais; porque fizeram o que fizeram em 7 de outubro de 2023.

O genocídio então se dobra mais uma vez sobre o mundo em aquecimento e volta a confirmar como as vidas não brancas são descartáveis e dispensáveis: outro *sine qua non* para sua continuidade. É muito bom para os negócios da ExxonMobil ou da BP que os Estados Unidos e o Reino Unido tenham decidido que mortes desse tipo são apenas uma praxe. O genocídio do capitalismo tardio avançado reproduz munição para o paupericídio.

MUITO MAIS PODERIA SER DITO

— e, felizmente, muitos trabalhos excelentes estão sendo produzidos[146] — sobre a ecologia política do projeto de colonialismo de ocupação em curso na Palestina e a tendência à destruição da natureza local inerente ao sionismo. Em Gaza, onde isso ocorre há décadas,[147] essa destruição atingiu agora proporções apocalípticas: as pessoas que ainda não morreram vivem em uma terra devastada[148] de solo contaminado, água não potável, pomares e campos reduzidos a pó, lixo e escombros misturados em uma faixa de terra hiperpoluída onde a vida humana está sendo tornada impossível no longo prazo. Ecocídio e genocídio se fundem aqui de uma maneira nunca antes vista. A Bósnia não se tornou uma terra menos habitável depois de 1995 do que era antes de 1992. O solo, a água e o ar de Ruanda passaram relativamente incólumes pelo massacre de centenas de milhares de tutsis. Mas, as pessoas conseguirão voltar a viver em Gaza? Essa dimensão do genocídio em curso se mescla a outra, que tem a ver com a natureza dos eventos da manhã de 7 de outubro de 2023.

Tanto para o império quanto para a entidade sionista, a parte mais chocante da Tufan Al-Aqsa foi o modo como a resistência negou de uma só vez toda a dominação tecnológica sobre a Palestina. Toda a montanha de parafernálias de ponta construída ao longo de dois séculos foi abaixo em poucas horas. O *Jerusalem Post* publicou um lamento:

> Como um grupo terrorista armado conseguiu superar as defesas de um dos exércitos mais poderosos do mundo? Esta é uma pergunta que será feita por muito tempo. [...] O choque épico desse ataque

> levanta questionamentos sobre a capacidade israelense de confrontar outros inimigos. Na fronteira, em 6 de outubro, havia o melhor da tecnologia. Havia torres de observação e soldados vigiando Gaza. Israel também tem drones e balões de observação. [...] [Mas] toda a tecnologia inteligente que Israel possui se tornou praticamente inútil frente ao ataque maciço.[149]

Ou, nas palavras de dois especialistas da Rede Global sobre Extremismo e Tecnologia:

> Sede de programas de ponta em engenharia militar, Israel assistiu a seu sistema de defesa multimilionário lutar contra formas de guerra de baixa tecnologia. [...] Os ataques de 7 de outubro [de 2023] mostram que atores tecnologicamente inferiores permanecem altamente capazes e hábeis contra adversários estatais mais bem equipados. [...] Defesa de alta tecnologia significa tudo e nada.[150]

A importância da negação instantânea e completa da superioridade tecnológica na manhã de 7 de outubro dificilmente pode ser exagerada. Não há precedentes para isso na história da Palestina. Há, é claro, uma história de luta guerrilheira, que remonta aos dias de Izz Al-Din Al-Qassam e que infligiu derrotas menores ao inimigo de tempos em tempos. A resistência sempre esteve ciente desse fator: como a FPLP escreve no documento que citei, "um dos pontos básicos de força do inimigo é sua superioridade científica e tecnológica, e essa superioridade se reflete fortemente em suas capacidades militares, que enfrentaremos em nossa guerra revolucionária. Como podemos enfrentar e transpor essa superioridade?".[151] A Tufan Al-Aqsa forneceu a resposta mais ressonante já registrada a essa pergunta: nunca antes a resistência havia varrido as forças tecnológicas somadas do império e da entidade com tamanha celeridade, facilidade e abrangência, a assimetria sendo invertida ao longo de toda uma seção do sul da Palestina. Nenhuma revolta palestina havia alcançado algo sequer próximo disso. Uma base de comparação comum são os ataques-surpresa da guerra de outubro de 1973, mas eles foram realizados pelos exércitos regulares dos Estados árabes. Quando saiu dos campos de refugiados em Gaza na manhã de 7 de outubro de 2023, a resistência palestina atacou a partir de uma posição de inferioridade tecnológica absoluta — embora, deve-se admitir, parte dessa inferioridade tenha sido amenizada desde a Primeira Intifada que deslanchou dos campos de refugiados de Gaza em dezembro de 1987. Naquela época, os palestinos tinham apenas pedras e, no máximo, algumas facas; agora tinham foguetes, granadas lançadas por foguetes, rifles, um punhado de drones e os inesquecíveis paragliders — mas, ainda assim, nada comparado ao exército que enfrentaram. Pela primeira vez, a fórmula vigente desde 1840 foi quebrada: os próprios palestinos romperam com o aparato tecnológico que os dominava e destruía.

É vã a busca nos anais da insurgência anticolonial por uma inversão tão acentuada de tamanha assimetria. A Ofensiva do Tet já foi invocada, mas os vietcongues eram uma força militar muito mais bem equipada do que a resistência palestina. Grupos guerrilheiros de Cuba ao Quênia já sobrecarregaram adversários munidos de recursos superiores, mas essa superioridade nunca foi similar à de Israel em 6 de outubro de 2023. A grande afronta da Tufan Al-Aqsa foi despedaçar o complexo de tecnologia militar qualitativamente superior construído ao longo de dois séculos: e porque isso não pode ser permitido, o castigo teria que ser ilimitado. Aqueles que pensam que Israel teria respondido de modo menos feroz se todos que morreram em 7 de outubro estivessem empunhando uma arma estão enganados sobre a natureza desse Estado. A prova mais simples é o que aconteceu no Líbano em 2006: Israel resolveu destruir o país depois de três de seus soldados serem mortos e dois, sequestrados. Portanto, o que fariam depois das cenas da manhã de 7 de outubro de 2023? Mas o golpe não foi duro apenas para Israel. Os Estados Unidos não poderiam aceitar que a resistência passasse por sua principal base no Oriente Médio como se esta fosse uma teia de aranha; não podiam se dar ao luxo de ver a própria máquina militar tão humilhada. Israel e os Estados Unidos compartilhavam o imperativo de restaurar seu poder de dissuasão.

O que fizeram juntos a partir de 7 de outubro tem um significado de fácil compreensão: uma vez repelido o primeiro golpe, lançaremos todas as forças de destruição que temos em nossos arsenais. Depois da derrota inicial, temos que reabilitar nossa tecnologia, reativando sua capacidade total de aniquilar a vida. A única maneira de desfazer a negação é provar com folga nossa dominância total. Essa mensagem é transmitida muito além das fronteiras da Palestina: se você ousar perfurar nossa armadura como a resistência palestina fez em 7 de outubro, nós obliteraremos você e seu povo. A mensagem é comunicada de forma não menos clara ao Líbano; do mesmo modo que Charles Napier ameaçou fazer com Alexandria o que fez em Akka, Yoav Gallant repetiu que "o que fizemos em Gaza também pode ser feito em Beirute".[152] Mas o que está em jogo aqui é a posição do império dos Estados Unidos e de seus aliados onde quer que possam enfrentar algum tipo de subversão. Essa guerra tem um elemento de defesa performática da superioridade tecnológica, um desfile desinibido de sua destreza — daí os trechos de vídeos em que soldados se vangloriam de detonar casas de família ou escolas.

Talvez possamos então especificar este como o primeiro tecnogenocídio. Um tecnogenocídio seria definido como um genocídio que é (i) executado por meio da tecnologia militar mais avançada e (ii) pelo menos em parte motivado pela vontade de restaurar a supremacia após uma provocação humilhante bem-sucedida. O genocídio contra os muçulmanos bósnios foi em grande parte realizado com armas de fogo, que a república de Sarajevo também possuía, embora em quantidade insuficiente. O genocídio em Ruanda foi majoritariamente efetuado com machetes. O genocídio do Estado Islâmico contra os yazidis também foi levado a cabo com baixa tecnologia, enquanto o caso paradigmático de genocídio de alta tecnologia — o Holocausto — não foi de forma alguma provocado por um desafio judeu ao poder tecnológico alemão. Apenas o genocídio em curso em Gaza parece cumprir ambos os critérios. Os palestinos com frequência se referem à "máquina israelense de matar", e é precisamente disso que se trata: uma máquina de matar pessoas, em parte para reparar a reputação da própria máquina. A matança em massa é mecanizada e automatizada, como sabemos desde as primeiras revelações sobre o sistema de inteligência artificial chamado "The Gospel" [O evangelho], que processa enormes quantidades de dados sobre a população civil e a infraestrutura para gerar os chamados "alvos preferenciais" para o exército de ocupação — "uma 'fábrica de assassinatos em massa', na qual a 'ênfase recai sobre a quantidade e não a qualidade'".[153] Fontes dentro do exército israelense disseram: "É realmente como uma fábrica. Trabalhamos depressa e não há tempo para investigar profundamente o alvo. A impressão é de que somos avaliados de acordo com quantos alvos conseguimos gerar". Essa é a máquina de matar em ação, combinando a força do petróleo com a mente dos algoritmos. Então houve a segunda revelação, mais recente, sobre os sistemas de inteligência artificial "Lavender" [Lavanda] e "Where's Daddy?" [Onde está o papai?], que produzem de forma massiva listas de mortes com qualquer número de civis incluídos, como se a ocupação houvesse decidido matar indiscriminadamente e delegasse a supervisão da tarefa à própria máquina de matar.[154] Como a supremacia da alta tecnologia passou a não significar nada na manhã de 7 de outubro de 2023, ela precisava voltar a se tornar tudo.

Mas, contra ela, a resistência palestina está de pé. Depois de meio ano, ainda está lutando. Após meio ano, seis meses, 184 dias, a resistência continua contra-atacando em todas as frentes, de Bait Hanun a Rafah e, claro, para além de Gaza. Passado todo esse tempo, as brigadas Izz Al-Din Al-Qassam, Mohammed Deif, Abu Obeida e seus companheiros de armas da Jihad, da FDLP e da FPLP ainda estão nos túneis, lançando uma operação após outra — e é isso que torna possível viver mais um dia.

Eu trabalho no Ocidente, na academia, no ramo da produção de conhecimento e ideias. Uma situação absurda prevalece ali: é possível ignorar, concordar, justificar ou elogiar a política genocida de Israel sem correr qualquer risco, sem ser privado de nada ou perder qualquer respeitabilidade. Mas apoiar a resistência dos palestinos — a resistência armada, a única força que se opõe ao genocídio em terra — é proibido. Eu, da minha parte, me recuso a concordar com isso. Acho que a verdadeira vergonha no Ocidente é que a esquerda não possa apoiar claramente e sem ambiguidades a luta palestina por autoemancipação. Esse é um tema para outros e muitos textos, mas acho que devemos dizer em voz alta: apoiamos a resistência e temos orgulho disso.

NOTAS

1 Francesca Albanese, "Anatomy of a Genocide: Report of the Special Rapporteur on the Situation of Human Rights in the Palestinian Territories Occupied since 1967 – Advanced Unedited Version (A/HRC/55/73)", ONU, 25 mar. 2024.

2 Nome dado pelo Hamas e por outros grupos palestinos à ofensiva lançada contra Israel em 7 de outubro de 2023. Em tradução livre, significa "inundação de Al-Aqsa". Al-Aqsa é o nome da maior mesquita de Jerusalém, localizada na Cidade Velha, um lugar simbólico tanto para o islamismo quanto para o judaísmo, que hoje pode ser frequentado apenas por muçulmanos e costuma ser palco de conflitos entre fiéis palestinos e forças israelenses. [N.T.]

3 Tom Stevenson, "Rubble from Bone", *London Review of Books*, v. 46, n. 3, 8 fev. 2024.

4 Ben Kiernan *et al.* (org.), *The Cambridge World History of Genocide*, v. 3, *Genocide in the Contemporary Era, 1914-2020*. Cambridge: Cambridge University Press, 2023.

5 "Gaza After Nine Weeks of War", *The New York Times*, 12 dez. 2023; "How War Destroyed Gaza's Neighbourhoods – Visual Investigation", *The Guardian*, 30 jan. 2024.

6 "The Ruined Landscape of Gaza After Nearly Three Months of Bombing", *The Wall Street Journal*, 30 dez. 2023.

7 Francesca Albanese, *op. cit.*

8 Ilan Pappé, *The Ethnic Cleansing of Palestine*. Oxford: Oneworld, 2007, p. 82; ver também p. 64, 77-8, 88, 147. [Ed. bras.: *A limpeza étnica da Palestina*. Trad. Luiz Gustavo Soares. São Paulo: Sundermann, 2012.]

9 "Catástrofe", em tradução livre. Designa o êxodo palestino em 1948, quando cerca de oitocentos mil árabes palestinos foram forçados a deixar suas casas durante a guerra civil de 1947-1948 e a Guerra Árabe-Israelense de 1948. [N.T.]

10 Liyana Badr, *A Balcony over the Fakihani*. Trad. Peter Clark e Christopher Tingley. Nova York: Interlink, 2002, p. 76, 81, 73.

11 Andreas Malm, "The Walls of the Tank: On Palestinian Resistance", *Salvage*, 1º maio 2017.

12 Por exemplo, Thomas E. Lovejoy & Carlos Nobre, "Amazon Tipping Point: Last Chance for Action", *Science Advances*, v. 5, n. 12, p. 1-2, 2019; Chris A. Boulton, Timothy M. Lenton & Niklas Boers, "Pronounced Loss of Amazon Rainforest Resilience since the Early 2000s", *Nature Climate Change*, v. 12, n. 3, p. 271-8, 2022; James S. Albert *et al.*, "Human Impacts Outpace Natural Processes in the Amazon", *Science*, v. 379 n. 6.630, p. 1-10, 27 jan. 2023; Meghie Rodrigues, "The Amazon's Record-Setting Drought: How Bad Will It Be?", *Nature*, v. 623, n. 7.988, p. 675-6, 2023; e, para mais documentação e discussões, Wim Carton & Andreas Malm, *The Long Heat: Climate Politics When It's Too Late*. Londres: Verso, 2025 [no prelo].

13 "'Sea Is Constantly Dumping Bodies': Fears Libya Flood Death Toll May Hit 20,000", *The Guardian*, 13 set. 2023.

14 "More than 5,000 Dead in Libya as Collapsed Dams Worsen Flood Disaster", *The New York Times*, 12 set. 2023.

15 "'In Derna, Death Is Everywhere': Palestinian Mission to Libya", *Al Jazeera*, 21 set. 2023.

16 Mariam Zachariah *et al.*, "Interplay of Climate Change-Exacerbated Rainfall, Exposure and Vulnerability Led to Widespread Impacts in the Mediterranean Region", World Weather Attribution, 19 set. 2023.

17 "Palestinian Family that Fled Wars Suffers Deaths in Libya", *Reuters*, 14 set. 2023.

18 "'We're Focused on Maximum Damage': Ground Offensive into Gaza Seems Imminent", *The Guardian*, 10 out. 2023.

19 Partido do premiê Benjamin Netanyahu, que representa diferentes vertentes da direita israelense. [N.T.]

20 X: @YehudaShaul, 17 out. 2023, 12:26 pm. Disponível em: https://x.com/YehudaShaul/status/1714301964886917631.

21 Wim Carton & Andreas Malm, *Overshoot: How the World Surrendered to Climate Breakdown*. Londres: Verso, 2024 [no prelo].

22 Andreas Malm, *Fossil Capital: The Rise of Steam Power and the Roots of Global Warming*. Londres: Verso, 2016. [Ed. bras.: *Capital fóssil: a ascensão da energia a vapor e as raízes do aquecimento global*. Trad. Humberto Amaral. São Paulo: Elefante, no prelo.]

23 O conceito de *longue durée* foi introduzido pelo historiador francês Fernand Braudel e utilizado pela Escola dos Annales, e diz respeito a priorizar estruturas históricas de longo prazo e evolução lenta, em contraposição a uma visão dita tradicional, que se ocupa de eventos mais pontuais. [N.T.]

24 Charles Napier, *The Navy: Its Past and Present State*. Londres: John & Daniel A. Darling, 1851, p. 48. Incluo a seguir apenas um mínimo de referências, sobretudo das fontes de citações diretas.

25 F. S. Rodkey, "Colonel Campbell's Report on Egypt in 1840, with Lord Palmerston's Comments", *Cambridge Historical Journal*, v. 3, n. 1, 1929, p. 112.

26 *House of Commons*, v. 49, p. 1391-2, 6 ago. 1839.

27 Lorde Palmerston citado em Charles K. Webster, *The Foreign Policy of Palmerston, 1830-41: Britain, the Liberal Movement and the Eastern Question*. Londres: Bell, 1951, p. 629.

28 Coronel Hodges citado em William Holt Yates, *The Modern History and Condition of Egypt, Its Climate, Diseases and Capabilities; Exhibited in a Personal Narrative of Travels in that Country*, v. 1. Londres: Smith, Elder & Co., 1843, p. 428. Grifos do original.

29 Lorde Ponsonby citado em August von Jochmus, "Constantinople 22 March 1846: Secret Memorandum on the Syrian War of 1840-1841", Broadlands Archive, 22 mar. 1846 (MM/SY/1-3).

30 David K. Brown, *Before the Ironclad: Development of Ship Design, Propulsion and Armament in the Royal Navy, 1815-60*. Londres: Conway Maritime, 1990, p. 61.

31 Charles Napier, carta ao coronel Hodges, 23 ago. 1840. *In*: Elers Napier, *The Life and Correspondence of Admiral Sir Charles Napier*, v. 2. Londres: Hurst & Blackett, 1862, p. 21.

32 W. Patison Hunter, *Narrative of the Late Expedition to Syria*, v. 1. Londres: Henry Colburn, 1842, p. 69-70.

33 Citado em Letitia W. Ufford, *The Pasha: How Mehemet Ali Defied the West, 1839-1841*. Jefferson: McFarland & Company, 2007, p. 141.

34 Carta de 25 de setembro de 1840. *In*: Charles Napier, *The War in Syria*, v. 1. Londres: John W. Parker, 1842, p. 83, 124.

35 "Lord Palmerston to Lord Ponsonby", Broadlands Archive, 5 out. 1840 (GC/PO/755-769).

36 "Burford's Panorama", *The Mirror of Literature, Amusement, and Instruction*, n. 1.036, 13 fev. 1841, p. 107. Grifos do original.

37 W. Patison Hunter, *op. cit.*, p. 263.

38 Charles Napier, *op. cit.*, 1842, p. 206.

39 Robert Burford, *Description of a View of the Bombardment of St. Jean D'Acre*. Londres: Geo. Nichols, 1841, p. 8, 3.

40 Capitão Henderson citado em William Holt Yates, *op. cit.*, p. 435.

41 "Lord Minto to Robert Stopford", Elliot Papers, 7 out. 1840 (ELL/216).

42 "Charles F. Smith to Lord Palmerston". *In*: "Correspondence Relative to the Affairs of the Levant", Parliamentary Papers, v. VIII, 1841.

43 "Political Register", *Tait's Edinburgh Magazine for 1841*, v. 8, 1841, p. 65.

44 Charles Napier, carta a Eliza Napier, 13 nov. 1840. *In*: Elers Napier, *op. cit.*, p. 113.

45 Charles Napier, *op. cit.*, 1842, p. 211.

46 "Robert Stopford to Lord Minto", Elliot Papers, 5 nov. 1840 (ELL/214). Stopford era o principal comandante britânico durante a batalha de Akka.

47 Relato de Mr. Hunt, citado em W. Patison Hunter, *op. cit.*, p. 310.

48 Yaacov Kahanov *et al.*, "Between Shoal and Wall: The Naval Bombardment of Akko, 1840", *The Mariner's Mirror*, n. 100, v. 2, 2014, p. 160.

49 "Letter from Henry J. Codrington to E. Codrington, 4 November 1840". *In*: Janet Bourchier (org.), *Selections from the Letters (Private and Professional) of Sir Henry Codrington, Admiral of the Fleet*. Londres: Spottiswoode & Co., 1880, p. 162.

50 "Lord Palmerston to Lord Ponsonby", Broadlands Archive, 14 nov. 1840 (GC/PO/755-769).

51 William Holt Yates, *op. cit.*, p. 474.

52 "Letter from General Jochmus to Lord Ponsonby, 17 January 1841". *In*: August Jochmus von Cotignola, *August von Jochmus' Gesammelte Schriften*, v. 1, *The Syrian War and the Decline of the Ottoman Empire, 1840-1848*. Berlim: Albert Cohn, 1883, p. 84, 178.

53 "Political Register", *Tait's Edinburgh Magazine for 1841*, v. 8, 1841, p. 65.

54 "Iron War Steamers", *Manchester Guardian*, 14 abr. 1841.

55 "The Recent Victories", *The Observer*, 28 nov. 1842.

56 John Bowring, *Report on Egypt and Candia*. Londres: W. Clowes & Sons, 1840, p. 147.

57 Andrew A. Paton, *A History of the Egyptian Revolution, from the Period of the Mamelukes to the Death of Mohammed Ali*, v. 2. Londres: Trübner & Co., 1863, p. 239.

58 "Lord Palmerston to Lord Ponsonby", Broadlands Archive, 25 nov. 1840 (GC/PO/755-769).

59 "Lord Ashley (later Earl of Shaftesbury) to Lord Palmerston", Broadlands Archive, 19 abr. 1836 (GC/SH/2-22). Esse potencial comercial da Palestina também foi ressaltado em outro relato para lorde Palmerston, este mais extenso; ver John Bowring, *op. cit.* p. 14-19, 30.

60 Ashley-Cooper citado em Eitan Bar-Yosef, "Christian Zionism and Victorian Culture", *Israel Studies*, v. 8, n. 2, 2003, p. 28.

61 Lady Palmerston, 3 dez. 1841. *In*: Tresham Lever, *The Letters of Lady Palmerston*. Londres: John Murray, 1957, p. 243-4. Grifo no original.

62 "Lord Palmerston to Lord Auckland", Broadlands Archive, 22 jan. 1841 (GC/AU/63/1).

63 Citado, por exemplo, em Regina Sharif, "Christians for Zion, 1600-1919", *Journal of Palestine Studies*, v. 5, n. 3-4, 1976, p. 130; Herbert A. Yoskowitz, "British Zionistic Writings Revisited", *European Judaism*, v. 13, n. 1, 1979, p. 145; Shlomo Sand, *The Invention of the Land of Israel: From Holy Land to Homeland*. Londres: Verso, 2012, p. 153. [Ed. bras.: *A invenção da terra de Israel: da Terra Santa à terra pátria*. Trad. Lúcia Brito. São Paulo: Benvirá, 2014.]

64 Primeiras duas cartas citadas em Regina Sharif, *op. cit.*, p. 130, e Eitan Bar-Yosef, *op. cit.*, p. 29. A terceira carta pode ser consultada em "Lord Palmerston to Lord Ponsonby", Broadlands Archive, 4 dez. 1840 (GC/PO/755-769).

65 *The Times*, 17 ago. 1840.

66 "Syria", *Morning Herald*, 3 maio 1841.

67 Citado em Regina Sharif, *op. cit.*, p. 132.

68 Charles Henry Churchill, "Colonel Churchill to Sir Moses Montefiore, 14 June 1841". *In*: Lucien Wolf, *Notes on the Diplomatic History of the Jewish Question, with Texts of Protocols, Treaty Stipulations and Other Public Acts and Official Documents*. Londres: Spottiswoode, Ballantyne & Co., 1919 [1841], p. 119-21. Grifos do original.

69 "The Tranquilization of Syria and the East", *The Voice of Israel*, 1º set. 1845, p. 168. Grifos do original.

70 Citado em Albert M. Hyamson, "British Projects for the Restoration of Jews to Palestine", *Publications of the American Jewish Historical Society*, n. 26, 1918, p. 143.

71 Citado em Regina Sharif, *op. cit.*, p. 131.

72 "Hall of Fame – Lord Shaftesbury", *Israel Answers*, s.d. Disponível em: https://www.israelanswers.com/page/christian_zionist_hall_of_fame.

73 "Earth without people – people without land", no original. Ao repetir "*Earth without people*" na sequência, o autor joga com o duplo sentido de "earth", que pode significar tanto "solo" quanto "planeta Terra" (nesse caso, com inicial maiúscula, como é o caso aqui), e de "people", que pode significar tanto "povo" quanto "pessoas". [N.T.]

74 Diana Muir, "A Land without a People for a People without a Land", *Middle East Quarterly*, p. 55-62, primavera 2008.

75 Alexander Keith, *The Land of Israel, According to the Covenant with Abraham, with Isaac, and with Jacob*. Edimburgo: William Whyte & Co., 1843, p. 34, 382, 366.

76 *Idem*, p. 382. Grifos do original.

77 Eitan Bar-Yosef, *op. cit.*, p. 29.

78 "The Jews", *The Morning Post*, 30 jan. 1841.

79 *"The Kings of the East": An Exposition of the Prophecies Determining, from Scripture and from History, the Power for Whom the Mystical Euphrates Is Being "Dried Up"; with an Explanation of Certain Other Prophecies Concerning the Restoration of Israel*. Londres: R. B. Seeley & W. Burnside, 1842, p. 277, 48-50.

80 *Idem*, p. 209, 211 (o relato era do *Times*).

81 *Idem*, p. 212.

82 *Idem*, p. 204-6.

83 *Idem*, p. 212. Grifos do original.

84 "Restoration of the Jews to Palestine", *The Western Messenger*, out. 1840, p. 264, 266.

85 Sobre o status de Noah, ver Louis Ruchames, "Mordecai Manuel Noah and Early American Zionism", *American Jewish Historical Quarterly*, v. 64, n. 3, p. 195-223, 1975. Coincidentemente ou não, Noah também foi "um dos opositores mais proeminentes da abolição da escravatura, usando sua posição como editor do *New York Evening Star* para caracterizar os afro-estadunidenses como mentalmente inferiores aos brancos, apoiar a chamada 'regra de silêncio' que impedia o Senado de discutir a escravidão, e até mesmo argumentar a favor de uma medida 'para tornar a publicação de literatura antiescravista um delito'" (Joseph Phelan, "'How Came They Here?': Longfellow's 'The Jewish Cemetary at Newport', Slavery, and Proto-Zionism", EHL, v. 87, n. 1, 2020, p. 141).

86 Mordecai M. Noah, *Discourse on the Restoration of the Jews*. Nova York: Harper & Brothers, 1845, p. 10, 35-6.

87 *Idem*, p. 47-8.

88 *Idem*, p. 39.

89 *Idem*, p. 35.

90 *Idem*, p. 38.

91 Jonathan Parry, *Promised Lands: The British and the Ottoman Middle East*. Princeton: Princeton University Press, 2022, p. 376.

92 *Idem*, p. 143.

93 *Idem*, p. 45.

94 Herbert A. Yoskowitz, *op. cit.*, p. 45.

95 Francesca Albanese, *op. cit.*, p. 2.

96 Yosef Weitz foi diretor do Departamento de Terras e Florestamento do Fundo Nacional Judeu, organização fundada em 1901 para incentivar a instalação de assentamentos judeus na Palestina. [N.E.]

97 Citado em Francesca Albanese, *op. cit.*, p. 14.

98 Jonathan Parry, *op. cit.*, p. 13.

99 "The Jews", *National Repository*, mar. 1877, p. 274.

100 Mandato Britânico da Palestina, entidade geopolítica que operou de 1920 a 1948, criada com a partilha do Império Otomano depois do fim da Primeira Guerra Mundial. [N.T.]

101 Termo em hebraico que se refere aos assentamentos judeus existentes na região antes da criação do Estado de Israel. [N.T.]

102 Ilan Pappé, *op. cit.*, p. 93.

103 Eliahu Epstein citado em Irene L. Gendzier, *Dying to Forget: Oil, Power, Palestine, and the Foundations of U.S. Policy in the Middle East*. Nova York: Columbia University Press, 2015, p. 105.

104 Sete Irmãs é como ficaram conhecidas as sete maiores petrolíferas que operavam na época: Anglo-Persian Oil Company, predecessora da BP; Royal Dutch Shell; Standard Oil of California, Gulf Oil e Texaco, predecessoras da Chevron; Jersey Standard e Standard Oil of New York, predecessoras da ExxonMobil. [N.T.]

105 Paul Thomas Chamberlin, *The Global Offensive: The United States, the Palestine Liberation Organization, and the Making of the Post-Cold War Order*. Nova York: Oxford University Press, 2012, p. 138.

106 *Idem*, p. 125.

107 Wim Carton & Andreas Malm, *op. cit.*, 2024 [no prelo].

108 "Surge of New U.S.-Led Oil and Gas Activity Threatens to Wreck Paris Climate Goals", *The Guardian*, 28 mar. 2024.

109 "Israel and Germany Sign Deal for Ships to Guard Gas Rigs", *The Times of Israel*, 11 maio 2015.

110 "E.U., Israel and Egypt Sign Deal to Boost East Med Gas Exports to Europe", *Reuters*, 15 jun. 2022.

111 "Israel Exports Crude Oil for First Time, with Shipment Heading for Europe", *The Times of Israel*, 16 fev. 2023.

112 "Energean Starts Gas Production at Israel's Karish Site", *Reuters*, 26 out. 2022.

113 "Israel Just Shut a Gas Field Near Gaza. Here's Why that Matters", CNN, 10 out. 2023.

114 "Chevron Shuts Down Natural Gas Platform Near Gaza Strip", *The New York Times*, 9 out. 2023.

115 "Chevron Resumes Natural Gas Supply from Israel's Tamar Offshore Field", *Reuters*, 13 nov. 2023.

116 "Chevron Partners Greenlight $24m Investment to Boost Gas Production at Offshore Site", *The Times of Israel*, 18 fev. 2024.

117 "Israel Awards Gas Exploration Licences to Eni, BP and Four Others", *Reuters*, 30 out. 2023.

118 Kjell Kühne *et al.*, "'Carbon Bombs' – Mapping Key Fossil Fuel Projects", *Energy Policy*, v. 166, jul. 2022.

119 Scott Zimmerman & Hanna Fralikhina, "Hooked on: The UK's Risky Addiction to North Sea Oil and Gas", Global Energy Monitor, 2022.

120 "Ithaca Energy Acquires Shell's Stake in UK Cambo Field", *Reuters*, 12 set. 2023.

121 "Britain Gives Go-Ahead for Biggest New North Sea Oilfield in Years", *Reuters*, 27 set. 2023.

122 "TotalEnergies Hits Hydrocarbons at North Sea Appraisal Well", *Offshore Engineer*, 4 jan. 2023.

123 "Ithaca Energy Set for London's Biggest IPO in 2022", *Reuters*, 2 nov. 2022.

124 Iniciativa para normalizar as relações diplomáticas de Israel com países vizinhos, mediada pelos Estados Unidos, a partir do reconhecimento pleno do Estado judeu. Até agora, apenas Emirados Árabes Unidos e Bahrein assinaram os Acordos de Abraão. [N.E.]

125 Benjamin Neimark *et al.*, "A Multitemporal Snapshot of Greenhouse Gas Emissions from the Israel-Gaza Conflict", *SSRN Electronic Journal*, 5 jan. 2024.

126 "Emissions from Israel's War in Gaza Have 'Immense' Effect on Climate Catastrophe", *The Guardian*, 9 jan. 2024.

127 Neta C. Crawford, *The Pentagon, Climate Change, and War: Charting the Rise and Fall of U.S. Military Emissions*. Cambridge: MIT Press, 2022, p. 7-8.

128 Ghada Karmi, *Married to Another Man: Israel's Dilemma in Palestine*. Londres: Pluto, 2007, p. 84.

129 *Idem*, p. 91.

130 *Idem*, p. 103.

131 *Idem*, p. 97-8.

132 Sayyed Hassan Nasrallah para a TV Al-Manar, 3 set. 2012, em tradução do Middle East Research Institute.

133 Popular Front for the Liberation of Palestine (PFLP), *Strategy for the Liberation of Palestine*. Utrecht: Foreign Language Press, 2017, p. 34, 101-2.

134 "Political Document of Palestinian Islamic Jihad (2001)". *In*: Erik Skare (org.), *Palestinian Islamic Jihad: Islamist Writings on Resistance and Religion*. Londres: I. B. Tauris, 2010 [2001], p. 31-2.

135 Fathi Al-Shaqaqi, "The Palestinian Cause is the Central Question of the Islamic Movement... Why?" (1980). *In*: Erik Skare, *op. cit.*, p. 77.

136 "Joe Biden: Were There Not an Israel the USA Would Have to Invent an Israel to Protect Her Interest in the Region" [vídeo], 2021. Disponível em: https://www.c-span.org/video/?c4962369/user-clip-joe-biden-israel-usa-invent-israel-protect-interest-region.

137 "Biden in 2007 Interview: I Am a Zionist", *YNetNews*, 23 ago. 2008.

138 "Remarks by Vice President Biden: The Enduring Partnership Between the United States and Israel", The White House, 11 mar. 2010.

139 "Remarks by Vice President Joe Biden the 67th Annual Israeli Independence Day Celebration", The White House, 23 abr. 2015.

140 "Biden Says the U.S. Would Have to Invent an Israel if It Didn't Exist. Why?", *The Conversation*, 24 jul. 2023.

141 Ilan Pappé, *op. cit.*, p. 261.

142 Theodor Herzl é considerado o fundador do sionismo político moderno. [N.E.]

143 Theodor Herzl citado em D. A. Jaber, "Settler Colonialism and Ecocide: Case Study of Al-Khader, Palestine", *Settler Colonial Studies*, v. 9, n. 1, 2019, p. 135.

144 Linha que demarca as fronteiras entre Israel e os países vizinhos (Egito, Jordânia, Síria e Líbano), definida em 1949, no acordo de armistício após a Guerra Árabe-Israelense de 1948, e respeitada até a Guerra dos Seis Dias, em 1967, quando Israel passou a ocupar territórios árabes na Cisjordânia, na Faixa de Gaza, nas Colinas de Golã e na Península do Sinai (esta, posteriormente devolvida ao Egito). Apesar disso, ainda é internacionalmente reconhecida como a fronteira entre Israel e os territórios palestinos. Em negociações de paz, tem sido tomada como base desejável para a delimitação de um Estado palestino. [N.T.]

145 Referência à foto em que o primeiro-ministro israelense Yitzhak Rabin e o líder da Organização para a Libertação da Palestina, Yasser Arafat, apertam as mãos para selar os Acordos de Oslo diante do presidente dos Estados Unidos, Bill Clinton, em frente à Casa Branca. [N.E.]

146 Matan Kaminer, "The Agricultural Settlement of the Arabah and the Political Ecology of Zionism", *International Journal of Middle East Studies*, v. 54, n. 1, p. 40-56, 2022.

147 Shourideh C. Molavi, *Environmental Warfare in Gaza: Colonial Violence and New Landscapes of Resistance*. Londres: Pluto, 2024.

148 "'Ecocide in Gaza': Does Scale of Environmental Destruction Amount to a War Crime?", *The Guardian*, 29 mar. 2024.

149 "How Did Israel Fail to Stop Hamas' October 7 Attack? – Comment", *The Jerusalem Post*, 13 out. 2023.

150 Michele Groppi & Vasco da Cruz Amador, "Technology and Its Pivotal Role in Hamas's Successful Attacks on Israel", *The Global Network on Extremism & Technology*, 20 out. 2023.

151 Popular Front for the Liberation of Palestine, *op. cit.*, p. 95.

152 "Gallant Warns Hezbollah: Israel Can Do in Beirut What It Is Doing in Gaza", *The Jerusalem Post*, 17 dez. 2023; "Gallant Warns: If Hezbollah Isn't Deterred, Israel Can 'Copy-Paste' Gaza War to Beirut", *The Times of Israel*, 8 jan. 2024.

153 "'A Mass Assassination Factory': Inside Israel's Calculated Bombing of Gaza", *+972 Magazine*, 30 nov. 2023.

154 "'Lavender': The AI Machine Directing Israel's Bombing Spree in Gaza", *+972 Magazine*, 3 abr. 2024.

ANDREAS MALM

é professor de ecologia humana na Universidade de Lund, Suécia, e um dos principais pensadores mundiais sobre o enfrentamento político da crise climática, além de militante da causa palestina. É autor de vários livros, entre os quais *Fossil Capital: The Rise of Steam Power and the Roots of Global Warming*, *How to Blow Up a Pipeline: Learning to Fight in a World on Fire* e *The Progress of This Storm: Nature and Society in a Warming World*, que serão publicados pela Elefante.

Primeira edição, agosto de 2024
São Paulo, Brasil

Dados Internacionais de Catalogação na Publicação (CIP)
Angélica Ilacqua CRB-8/7057

Malm, Andreas
A destruição da Palestina é a destruição do planeta
/ Andreas Malm ; tradução de Natalia Engler. —
São Paulo: Elefante, 2024.
96 p.

Bibliografia
ISBN 978-65-6008-058-4

Título original: The Destruction of Palestine Is the Destruction of the Earth

1. Conflito Árabe-israelense 2. Palestina
I. Título II. Engler, Natalia

24-3456 CDD 956.940

Índices para catálogo sistemático:
1. Conflito Árabe-israelense

---

elefante

editoraelefante.com.br
contato@editoraelefante.com.br
fb.com/editoraelefante
@editoraelefante

Aline Tieme [comercial]
Samanta Marinho [financeiro]
Sidney Schunck [mídia]
Teresa Cristina Silva [redes]

FONTES ABC Viafont, Barlow e Heldane
PAPÉIS Cartão 250 g/m² & Pólen Bold 90 g/m²
IMPRESSÃO BMF Gráfica